A TRAVERS
LA TUNISIE

A TRAVERS
LA TUNISIE

ÉTUDES SUR LES OASIS

LES DUNES — LES FORÊTS — LA FLORE

ET LA GÉOLOGIE

PAR

LÉOPOLD BARABAN

Inspecteur des Forêts

CHARGÉ D'UNE MISSION

PAR M. LE MINISTRE DE L'AGRICULTURE

OUVRAGE AVEC CARTE ET VIGNETTES

PARIS

J. ROTHSCHILD, ÉDITEUR

13, RUE DES SAINTS-PÈRES, 13

—

1887

Traductions réservées

CORBEIL. — TYP. ET STÉR. CRÉTÉ.

PLACE DE LA KASBAH A TUNIS.

SOMMAIRES DES CHAPITRES

CHAPITRE PREMIER
De Marseille à Tunis. — Coup d'œil sur Tunis et ses environs.   1

CHAPITRE II
De Tunis à Gabès. — Sousse, Mehedia, Monastir et Sfax......   9

CHAPITRE III
Séjour à Gabès. — La ville et son oasis. — Les dunes. — Mesures à prendre pour arrêter la marche des sables. — Le diss du Sahara. — Le camp et les jardins de Ras-el-Oued............ Pages 17 à 25

CHAPITRE IV
De Gabès à El-Hamma. — Départ de Gabès. — Notre caravane. — Relief de la région. — Flore désertique. — L'eau sulfureuse du puits de Chenchou. — L'oasis d'El-Hamma. — Campement au bord de l'Oued-Hamma...................... Pages 26 à 34

CHAPITRE V
D'el-Hamma à Limaguez. — Le parcours des Béni-zid. — Relief de la région. — Aperçu géologique. — Les gypses de l'Oued-Séfra. — L'eau salée de l'Oued-Oum-en-Nekla. — Les poules de Carthage.

Ain-Mélouzane. — La flore désertique : l'alfa et le scurha. — Le métenam, le retem, le jujubier sauvage, le zeita, le guethef, l'alga, l'ärtha, le chiehh, l'arfeydi et le secoum. — La vipère à cornes. — Le chott El-Fedjedj et l'oasis de Limaguez. Pages 35 à 45

CHAPITRE VI

Entrée dans le pays des Nefzaoua. — Relief géologique : les Djebel-Aziza, Tebaga, Glébane, Rarzaba, Seftimi, Gouiada et Brimba. — Flore désertique : l'alfa, le cheit et le merkh. — Le lépus Isabellinus. Kébilli, son oasis et les ensablements.................. Pages 46 à 50

CHAPITRE VII

Envahissement des oasis par les sables sous l'action des vents et par la désagrégation du sol. — Causes de cette désagrégation : appauvrissement et extinction des sources ; défaut de culture ; pâturage des troupeaux. — Moyens pratiques de prévenir et d'arrêter la marche des sables................................ Pages 51 à 61

CHAPITRE VIII

De Kébilli à Zarzine. — Le pays des Nefzaoua. — Mansourah, Telmine et leurs oasis. — La gazelle et le fenec. — La perdrix gambra. — Le chott El-Djérid. — Les oasis de Béchilli, Bérouthia, Ghélifia et Zarzine. — Les dunes qui envahissent cette dernière. — Le tamarix. — Campement à Zarzine. — Le méchoui............ Pages 62 à 73

CHAPITRE IX

Suite du pays des Nefzaoua. L'archipel des oasis le long du chott El-Djérid : Guettaïa, Teifût, Tembar et Tembib. — Les gours. — Negga et Oum-Sema. — Bou-Abdallah au pied du Djebel Zaouia. — Composition géologique du sol et recherche des sources. — El-Goléah ; fabrication simple du plâtre. — El Zira et Menchia. — Les oasis ensablées de El-Ahart, Zoued-el-Aanès, Bechri, Fetnassa et Debabcha. — Les sables des chotts............... Pages 74 à 82

CHAPITRE X

Dernier coup d'œil sur le pays des Nefzaoua. — Causes du déboisement et de l'extinction des sources. — Dégénération graduelle de ces contrées.................................. Pages 83 à 87

CHAPITRE XI

D'Oum-Sema à El-Oudian. — Traversée du chott El-Fedjedj. — La grande chaîne des Djebel Amin-el-Aioun, Zitoun, Kébiriti et Tarfaoui. — Relief et sécheresse de la région. — Chasse sur les rives du chott. — La grande outarde. — Campement sur les bords de l'Oued-Zitoun. — Arrivée au Djérid. — La grande oasis d'El-Oudian. — Ses 45 sources. — Dangers d'ensablement... Pages 88 à 95

CHAPITRE XII

Le Djérid. — Ses oasis. — Les sources. — Répartition de l'eau. — Cultures : Le dattier; irrigation, fécondation, jeunes plants, les dattes. — Usages des tiges, des palmes, des fruits et des fibres du palmier. — L'olivier : fabrication de l'huile. — Les fruitiers. — Les légumes. — Commerce et industrie...... Pages 96 à 110

CHAPITRE XIII

Touzer et Nefta. — Route d'El-Oudian à Touzer. — Arrivée à Touzer. — Trop de sable. — La ville et son oasis. — Ses 155 sources. — Les ensablements. — De Touzer à Nefta. — Gîte et cuisine arabes. — Nefta et son oasis. — Les dunes qui l'envahissent. — Retour à Touzer. — Travaux de défense à exécuter contre la marche des sables à Touzer et à Nefta.................. Pages 111 à 122

CHAPITRE XIV

La mer intérieure Saharienne. — Le projet Roudaire. — Les critiques................................. Pages 123 à 136

CHAPITRE XV

De Touzer à Gafsa. — L'oasis d'El-Hamma sur les bords du chott Rharsa. — Les Djebel Melleout et Oussaief. — Relief du pays. — L'oued-Tarfaoui. — La Ganga. — L'El-Guettar. — Arrivée à Gafsa. — La ville et son oasis. — Cultures principales. — Crues et débordement de l'Oued-Gafsa et envahissement des sables. — Aperçu des travaux de défense et d'endiguement de l'Oued. — La chasse aux guépiers............................ Pages 137 à 146

CHAPITRE XVI

De Gafsa à Sfax. — Route de Gafsa à El-Ayacha. — La chaîne de l'Arbata, sa formation géologique. — L'oasis d'El-Guettar. — Profil à l'horizon du vaste plateau montagneux du centre de la Tunisie; les Djebel Oum-el-Aleg et Bou-Hedma. — Montagnes et ravins. — Les Djebel El-Eucong et El-Haféï. — Flore variée des régions calcaires. — Les silex. — Le geai bleu. — El-Ayacha et le pénitencier. — La vallée du Thala. — Les Hamméma. — Les douars. — Voisinage désagréable. — Le gommier et le Djdari. — Campement au pied du Bou-Hedma. — Le Djebel Maïzouna. — Aperçu de la flore. — Déboisement du Thala. — La Sebkha-En-Noaïl. — Le puits de Sidi-Mohamed-Noggués. — Maharès. — Fin des régions désertiques. — Utilité et possibilité de leur reboisement. — Arrivée à Sfax................................. Pages 147 à 166

CHAPITRE XVII

Sfax. — Industrie et commerce. — Les jardins. — Culture de l'olivier. Le pêcher, le pistachier.................. Pages 167 à 171

CHAPITRE XVIII

Départ de Sfax. — Le pays des Metellit. — Le caroubier. — Djébiliana. — Les haies de cactus épineux. — Melloulèche et Cheba. — La forêt de lentisques de Cheba et les dunes. — Le gourbet. — Exploitation de l'alfa...................... Pages 172 à 182

CHAPITRE XIX

El-Djem. — L'amphithéâtre. — L'ancienne Thysdrus. — L'oued Chérita et le puits de Sidi-Ahmer-Bouzid. — La Sebkha Sidi-el-Hani. — L'oued-Zéroud. — Kairouan. — Commerce et industrie. La grande mosquée et la mosquée du Barbier... Pages 183 à 193

CHAPITRE XX

De Kairouan à Tunis. — Bir-el-Bey. — Les douars. — L'oued Nebhane et la forêt beylicale d'Oum-el-harem. — L'oued Kraouï. — Djebbibina. — Tapis de fleurs. — La grande chaîne du Djukar et du Zaghouan, le pic du Ben-Feyden. — Aspect géologique de la région. — Nouvelle flore : le diss, le Lentisque, le thuya et le pin d'Alep. — Les sources et la conduite d'eau. — Dernier campement à El-Lukanda. — Sortie de la chaîne. — L'oued Miliane et l'oued Rirane. — Fertilité de la plaine. — Les ruines de l'aqueduc de Carthage. — Mohamédia. — La Sebkha El-Sedjoumi. — Retour à Tunis.................................... Pages 194 à 204

CHAPITRE XXI

Excursion en Khroumyrie. — Aspect géologique et relief de la région. — Calcaires et grès. — Flore caractéristique des divers terrains. — Projet de pont sur la Medjerda à Ghardimaou et route forestière. — Le campement forestier d'El-Feidja. — Le Kef-Kébir. — Les forêts de chênes-liège et chênes zéens de Ousteta et de M'rassen. — La chasse. — Le campement forestier d'El-Hamra. — Ain-Draham. — La nouvelle route d'Ain-Draham à Tabarca. — Tabarca et l'île. — La côte et les dunes entre Tabarca et le cap Negro. — Aperçu de la flore du littoral : le retem, le genévrier oxycèdre, le chêne ballotte, le myrte, le lentisque, le phyllaria, les bruyères. — Le gourbet. — Travaux de défense nécessaires sur divers points de la côte. — Retour à Ain-Draham. — Route d'Ain-Draham à la station de Souk-el-Arba : le gué de la Medjerda. Pages 205 à 225

APPENDICE. — Analyse chimique des sables mobiles des dunes du littoral ou des oasis de la Tunisie............ Pages 226 et 227

A TRAVERS LA TUNISIE

CHAPITRE PREMIER

DE MARSEILLE A TUNIS. — COUP D'ŒIL SUR TUNIS ET SES ENVIRONS.

CHARGÉ par M. le Ministre de l'agriculture d'étudier les procédés les plus propres à arrêter les sables qui envahissent les oasis du sud de la régence de Tunis, je me suis embarqué à Marseille le 23 février 1885, à cinq heures du soir, sur le transatlantique *la Ville-de-Barcelone*, en partance directe pour Tunis. Après une traversée de trente-sept heures, agrémentée d'un coup de vent du sud-est, qui, à la pointe sud de la Sardaigne, nous a initiés pendant toute une nuit aux jouissances du mal de mer, nous avions franchi les 660 milles (1,222 kilomètres) qui séparent Marseille du port de la Goulette, où nous jetions l'ancre le 25 février, à six heures du matin, à 1,000 mètres du rivage.

Avant de descendre dans la barque qui doit amener à terre passagers et bagages, nous restons en extase devant le splendide panorama qu'offre aux premiers regards cette terre d'Afrique si pleine de souvenirs : devant nous s'étendent les vastes collines dénudées où fut Carthage ; sur un sommet s'élèvent le collège et la chapelle de Saint-Louis ; plus loin, au bord de son lac bleu, Tunis étage sur un coteau ses maisons blanches, ses coupoles et ses minarets ; tout au fond, et fermant l'horizon, de hautes montagnes à formes abruptes et dentelées, le *Bou-Guernin*, le *Rossa* et le *Zaghouan*, se profilent sur un ciel éblouissant de lumière. C'est l'Orient qui se révèle avec ses tons chauds, ses teintes vives et harmonieuses. L'impression est profonde.

Bien différente est celle qui vous attend à terre : c'est d'abord l'inévitable et vexatoire visite de la douane, à la suite de laquelle une véritable armée de commissionnaires, portefaix ou mendiants, de toutes les nationalités et de toutes les couleurs, Siciliens, Maltais, Arabes, tous plus ou moins en guenilles, viennent faire le siège en règle de votre personne, de vos bagages et de votre bourse. La place est vite emportée, et il ne vous reste qu'à suivre, tout en les couvant de l'œil, vos colis, qui s'échelonnent, sur le dos des vainqueurs, du quai de la douane à la gare du chemin de fer. Là, la bataille recommence plus âpre et surtout plus bruyante : il s'agit de régler les comptes. Ces messieurs ont des prétentions exorbitantes, qu'ils soutiennent en une langue mélangée d'italien et d'arabe tout à fait inintelligible, mais appuyée de gestes parfaitement compréhensibles. Enfin, tant bien que mal, l'accord s'établit et vous pouvez vous installer dans les wagons de la Compagnie italienne Rabattino, qui a construit et exploité jusqu'ici la petite ligne ferrée reliant la Goulette à Tunis. La distance à parcourir est de 15 kilomètres. La voie parallèle à la route de terre longe la partie nord du lac *El-Bahira*, sur lequel on distingue au loin des troupes de flamants roses. A droite s'étendent des plaines en culture couvertes d'oliviers et entrecoupées de haies de cactus épineux; quelques jolies villas se montrent aux approches de Tunis, qui apparaît bientôt sur un coteau en pente douce, bien digne toujours, à distance au moins, du surnom de *blanche* qu'elle portait dans l'antiquité, ou de celui de *Fleur de l'Occident*, que lui donnent les poètes arabes.

Toutefois, si Tunis offre dans son ensemble un site enchanteur, il faut beaucoup en rabattre dans une visite en détail. Sans doute la partie basse, construite à l'européenne, percée de grandes avenues, est appelée, lorsqu'elle sera totalement bâtie, à rivaliser avec les beaux quartiers de nos grandes cités; mais les ruelles sombres, étroites, tortueuses et malpropres des quartiers juifs ou arabes, malgré leur pittoresque, n'ont rien de commun avec une belle ville. Ajoutons que ce lac aux ondes bleues, qui baigne les pieds de Tunis, est, depuis des siècles, le réceptacle de toutes ses immondices, et que si, par miracle, il a, tout en s'évasant, conservé la pureté de ses eaux, on n'en saurait dire autant des exhalaisons qui s'en dégagent à certains moments et rendent parfois peu agréable le séjour de la basse ville. Malgré tout, le climat passe pour être des plus sains.

« Tunis, dit le commandant Villot (1), située en face de la Sicile, au centre des deux régions méditerranéennes, est un point géographique d'une importance bien autrement considérable qu'Alger. Si son port naturel était débarrassé des immondices qui l'encombrent, et creusé pour recevoir de gros bâtiments, nul doute que Tunis ne reprendrait tout aussitôt un brillant essor commercial et politique.

« C'est un des points les plus salubres du globe, et la plupart des maladies qui règnent à l'état endémique dans les autres contrées africaines : la peste, la variole, le choléra, etc., n'y apparaissent que fort rarement. Quelquefois, lorsque la violence des vents met à découvert les boues du lac *El-Bahira*, des vapeurs pestilentielles s'en élèvent, mais cet inconvénient est de courte durée et ne dément pas la salubrité unanimement reconnue à Tunis. »

Le port de Tunis sera, en effet, un des premiers bienfaits dont la France aura doté la régence. Les travaux qui devaient, lors de mon passage, commencer à bref délai, sont sans doute entrés aujourd'hui dans la phase d'exécution. On ne peut que souhaiter leur prompt achèvement, car ils exerceront la plus heureuse in-

---

(1) *Description géographique de Tunis et de la Régence*, par le commandant Villot. Paris, 1881.

fluence sur le développement et la prospérité du pays.

Rien de curieux, pour l'étranger qui débarque à Tunis, comme l'animation qui règne dans certaines parties de la ville, principalement au passage de la porte de la Marine, qui relie le quartier européen à la ville arabe. Là s'agite, fourmille, stationne ou circule une foule hétérogène et bariolée de Siciliens, Maltais, Juifs, Arabes de toutes nuances, du blanc au plus beau noir, indigènes aux vêtements aux riches couleurs, ou nègres en haillons et demi-nus, les uns à pied, les autres à cheval, à mulet ou à âne, d'autres accroupis à l'ombre le long des maisons, enveloppés dans leur long burnous jadis blanc, faisant la sieste ou fumant et dégustant dans une petite tasse le café maure ; jetez au milieu de cette cohue des tramways-omnibus et voitures de louage qui sillonnent sans interruption cette partie de la ville, des troupeaux de chèvres, des dromadaires enduits de goudron et chargés de charbon ou d'huile, et on admettra sans peine que les embarras de Tunis ne le cèdent en rien à ceux qu'a immortalisés Boileau.

C'est surtout dans les ruelles étroites où se tiennent les *souks* ou marchés, dans la ville haute, que l'animation est à son comble, aux heures spécialement réservées à la vente, de neuf à onze heures du matin. C'est là qu'on se sent en pleine vie arabe. Chaque corporation, chaque industrie occupe son emplacement, sa rue à part. Ces rues sont souvent recouvertes d'arcades qui les transforment en de longs couloirs sans jour, sans air, mais où se maintient la fraîcheur en toute saison. Des deux côtés, dans des échoppes de quelques mètres carrés, des artisans, accroupis, à la façon des tailleurs, sur des nattes en écorce de palmiers, se livrent à la fabrication des produits les plus variés ; parfums, bijoux, armes, coffrets, tapis aux vives couleurs, couvertures, étoffes de toute nuance finement brodées de soie et d'or, cordonnerie, maroquinerie, mégisserie, sellerie, etc. Au milieu de ces objets d'art, des boutiques offrent aux chalands des objets d'alimentation de toute nature : oranges, limons, citrons, dattes, pistaches, bananes, figues, piments, etc., y compris des pâtisseries frites dans une huile bouillante, dont l'odeur rance se mélange étrangement à celle de l'essence de roses; d'autres étalent et débitent des viandes repoussantes recouvertes de noirs essaims de mouches.

Tunis a des tanneries, des manufactures de tabac, de soieries, de lainages, de fez, de *chéchias* ou calottes renommées, des minoteries, des briqueteries, des usines pour la fabrication de la glace. Les couvertures de laine, 'es burnous blancs, les *djebbas*, sorte de *gandoura* en soie et en laine et autres tissus analogues, ont une réputation méritée. Elle fait avec Marseille, Gênes, Livourne, Trieste, Malte et le Levant, un commerce d'exportation de céréales, d'huile, de laines, de cuirs, de peaux, d'essences, évalué à 20 millions. Les importations consistent en tissus de coton, en bois de sapin de Trieste, etc., dépassant 30 millions.

La population de la régence est évaluée à 1,500,000 habitants, dont 150,000 environ pour la seule capitale.

Tunis est aujourd'hui trop connue pour que j'entreprenne de décrire ici ses édifices, ses maisons, ses mosquées (que d'ailleurs on ne visite pas); ce serait sortir du cadre d'une simple relation de voyage. On trouvera à cet égard des détails très complets dans l'*Itinéraire de l'Algérie*, de M. Louis Piesse (1), et dans le *Guide du voyageur en Tunisie*, de M. O. Niel (2). Je me bornerai à signaler, toujours en renvoyant aux *Guides* pour les détails, les charmantes et instructives excursions qu'offrent aux touristes les environs : et d'abord le classique voyage à la chapelle de Saint-Louis et aux ruines de Carthage; la visite de la *Marsa*, le village de prédilection des riches Tunisiens, plein de verdure et de fleurs, où se trouvent un palais du bey et la *Camilla*, maison de campagne habitée en été par le ministre résident de France; de *Bou-chateur*, ruines de l'ancienne *Utique*, la sœur aînée de Carthage; du *Bardo*, palais et résidence d'hiver des beys de Tunis; de la *Manouba*, groupe de villas perdues dans des bosquets d'orangers; de l'*Ariana*, petit village dont les jardins renferment d'immenses quantités de roses, qui alimentent les distilleries d'huile si renommés à Tunis; d'*Hammam-lif*, sur le bord de la mer, adossé au *Bou-guernin*, qui l'abrite des vents du sud; enfin de *Zaghouan,* au pied de la haute et belle montagne qui domine tout le pays et dont les eaux, canalisées, dans l'ancien aqueduc de Carthage, restauré en 1861 par un ingénieur français, alimentent aujourd'hui

---

(1) 1 vol. Paris, 1883.
(2) 1 vol. Paris, 1883.

Tunis. On y trouve tout ce qui peut charmer et captiver : des sites admirables, des horizons lumineux, la mer et la montagne, de la verdure et des fleurs, et partout des ruines où chaque peuple — Carthaginois, Romains, Vandales, Grecs, Arabes et Turcs — a écrit son histoire ! Quel coin de terre réunit toutes ces merveilles ?

Eh bien ! politique à part, le traité du Bardo avait du bon !

PALAIS DU BARDO A TUNIS.

CHAPITRE II

DE TUNIS A GABÈS PAR MER. — SOUSSE, MEHEDIA, MONASTIR ET SFAX.

Mon premier soin, en arrivant à Tunis, fut de me présenter chez M. Cambon, ministre plénipotentiaire, résident de la République française, qui devait me donner toutes les instructions nécessaires à ma mission. Je trouvai chez ce haut fonctionnaire un bienveillant et sympathique accueil dont je tiens à lui témoigner ici toute ma reconnaissance. Il fut convenu que, après une excursion de quelques jours dans les forêts du nord de la régence et une visite sommaire des dunes des côtes de la Méditerranée, qui me paraissait indispensable à titre de transition entre les sables de l'océan Atlantique et ceux des oasis du sud, je me rendrais à Gabès, et visiterais en détail les *Nefzaoua* et le *Djérid*. Je dirai plus loin quelques mots de cette petite expédition dans les forêts de la Khroumyrie, qui, sans faire partie du programme, était obligatoire pour un forestier, mais qui fut malheureusement trop courte, car le moment des chaleurs approchait, et il était indispensable de ne pas retarder mon départ pour le sud.

J'eus l'honneur également de voir M. le général en chef Boulanger, qui voulut bien m'assurer le concours des forces militaires pour le cas où il me serait nécessaire. J'ai hâte d'ajouter que, le pays étant en ce moment très calme et la sécurité complète, je n'eus pas à y faire appel. Mais je ne saurais passer sous silence le cordial accueil que j'ai trouvé près de tous les officiers de nos corps d'occupation partout où j'ai eu l'avantage d'en rencontrer dans ma lointaine pérégrination : à Gabès, à Touzer, à Gafsa, à El-Ayacha, à Sfax, à Kairouan, à Aindraham et à Tunis même; les uns ont mis à ma disposition leurs propres travaux, études, plans, etc. Les autres, je devrais dire tous, m'ont offert une hospitalité qui m'a été souvent plus qu'utile, et dont je garderai longtemps le souvenir.

Enfin, j'ai eu la bonne fortune d'avoir pour compagnon de voyage un agent forestier mis depuis trois ans au service du gouvernement tunisien, M. Lefebvre (Henri), inspecteur adjoint et directeur des forêts de la régence, qui a bien voulu faire avec moi la tournée du sud et a mis à ma disposition une escorte de quatre gardes indigènes. M. Lefebvre, qui habite depuis quinze ans l'Algérie, qui connaît les mœurs et la langue des Arabes, très versé d'ailleurs dans la flore et la géologie du pays, m'a rendu dans cette mission d'importants services. C'est lui, en outre, qui s'est chargé exclusivement des approvisionnements de toute nature qui devaient nous accompagner : tentes, cantines de voyage, literie, conserves, provisions de toute sorte indispensables dans des régions inhabitées. Grâce à son expérience, nous avons pu marcher sans nous préoccuper chaque jour de la table et du gîte ; à la vérité, l'un a été quelquefois trop froid ou trop chaud ; l'autre souvent frugale. Mais c'étaient là de petites misères joyeusement partagées et vite oubliées dans une fraternelle camaraderie.

Enfin, avant de quitter Tunis, et puisque j'en suis à l'article des souvenirs, que M. Patin, consul général de France, veuille bien me laisser le citer parmi ceux chez lesquels j'ai trouvé l'accueil le plus aimable, le plus français, et qu'il me permette d'ajouter à son nom ceux de M. le commandant Coyne, de M. Grant, directeur des travaux publics ; de M. de la Blanchère, directeur des beaux-arts, et tant d'autres !

Le 18 mars, à cinq heures du soir, tous les préparatifs étant terminés, nous avons pris passage sur le transatlantique l'*Ajaccio*, qui, arrivé de Marseille le matin même, continuait sa route en longeant jusqu'à Tripoli toute la côte est de la Tunisie et devait nous débarquer le 22 à Gabès. Nous emmenions avec nous, outre nos nombreux colis et nos six chevaux, quatre gardes arabes et un homme affecté spécialement aux bagages et à la cuisine; ce dernier, un nommé Jouve, brave garçon du reste, mais Marseillais pur sang, aussi peu versé dans l'art de l'équitation que dans l'art culinaire, ainsi que nous en avons pu juger plus tard, avait refusé de se munir d'une monture et déclaré vouloir faire le voyage à pied ou à dos de dromadaire. Il en est résulté pour lui de grandes fatigues, que son humeur gasconne n'a pas toujours suffi à atténuer, mais dont notre ordinaire a souvent ressenti le contre-coup.

Bien que la distance qui sépare Tunis de Gabès ne soit pas, à vol d'oiseau, de plus de 330 kilomètres, le vapeur doublant le cap Bon, faisant escale sur divers points de la côte, à Sousse, à Monastir, à Méhédia et à Sfax, n'arrive en vue de Gabès que le cinquième jour. C'était donc un vrai voyage au long cours que nous entreprenions. Or, le 18 mars au soir, la mer était grosse et le vent, assez violent, nous présageait une nuit désagréable. En outre l'*Ajaccio*, qui n'est certes pas le meilleur transport de la Compagnie transatlantique, bien que son commandant soit le plus aimable homme du monde, jouit d'un mouvement de roulis des plus accentués. Nous passâmes donc dans nos cabines une nuit où le tangage et le roulis se disputèrent à qui nous secouerait le mieux. Aussi quand, le lendemain, à onze heures, le navire s'arrêta en vue de Sousse, nous empressâmes-nous de sauter dans la nacelle et de gagner la terre où, pour ma part, je fus longtemps avant d'éprouver la moindre envie de déjeuner. Au surplus, le vapeur restait en rade jusqu'au soir et nous avions tout l'après-midi pour nous remettre et visiter la ville.

Sousse, la *Soussa-el-Abiod* des Arabes, l'*Hadrumetum* des Romains, une des villes principales de la régence, renferme une population de 8 000 habitants, dont environ 600 Européens et 1,000 Israélites, qui ont le monopole du commerce; les Siciliens s'y livrent à la pêche; les Maltais sont portefaix, camionneurs ou muletiers.

Vue de la mer, la ville se présente sous l'aspect d'une vaste masse blanche s'étendant sur un coteau au milieu de massifs d'un vert sombre. Quand les détails s'accentuent, on distingue, comme dans toutes les villes arabes, un mur d'enceinte crénelé, flanqué de tours, un amas de cubes représentant les maisons, et au sommet, une *khasba*. Des minarets de mosquée se dressent au milieu de la ville et se détachent sur le fond sombre des jardins d'oliviers. A l'intérieur, Sousse rappelle beaucoup la partie arabe de Tunis; mêmes rues étroites, sales, sombres et tortueuses; mêmes *souks* ou marchés, à l'aspect oriental encore plus prononcé, où nous remarquons surtout d'admirables broderies sur étoffes; même mouvement de la population, même encombrement d'hommes et de bestiaux !

L'ancien port de Sousse est aujourd'hui ensablé; les deux môles et le brise-lames du port romain sont les seuls vestiges qui subsistent. Le port actuel, accessible seulement aux bateaux de faible tonnage, est bordé d'un quai du côté des remparts. Il est question de le creuser et de l'agrandir; toutefois l'importance de ce travail pourrait être beaucoup amoindrie par la création du chemin de fer reliant Sousse à Tunis par Kairouan, qui offrirait un débouché plus rapide aux produits, savoir : les huiles, l'alfa, les céréales, les laines, les éponges et les savons. Tout en reconnaissant l'utilité de l'amélioration du port de Sousse, il nous semble que la création d'une voie ferrée, tout à la fois commerciale et stratégique, devrait avoir la préférence.

Nous revenons à bord à cinq heures. Le vent est tombé et le navire, immobile, nous permet de dîner et de dormir tranquilles.

Le lendemain, 20 mars, la mer est calme et unie. Un soleil ardent la dore au loin de reflets étincelants. L'*Ajaccio* glisse sans secousse sur une onde d'un bleu intense, laissant à l'arrière un sillage gris frangé d'une écume argentée. Nous perdons de vue la côte, qui ne reparaît qu'à Monastir et à Méhédia, où l'on s'arrête trop peu de temps pour descendre à terre.

Monastir, l'ancienne *Ruspina* des Romains, est une petite ville de 7,000 à 8,000 habitants, importante par sa position à la pointe d'une presqu'île. Elle a l'aspect de toutes les villes arabes de la côte : une muraille crénelée, des maisons blanches et une khasba. Elle est située dans une contrée fertile et bien peuplée. Son petit port, facilement susceptible d'amélioration, est l'entrepôt d'un commerce important tout à fait analogue à celui de Sousse.

La pointe de terre qui s'avance dans la mer, au sud de Monastir, porte le nom de *Cap Dima;* on nous montre au loin les ruines de *Thapsus*, où César vainquit Scipion et le roi Juba.

Le paquebot mouille enfin à 1 mille devant l'extrémité sud-est de Méhédia, petite ville de 6,000 âmes, entourée d'une enceinte en ruine, démantelée par Charles-Quint, et complètement déchue aujourd'hui de son antique splendeur; au moment où le navire reprend sa route, nous jouissons d'un splendide soleil couchant. La ville, ses palmiers et les mâts de ses chaloupes se dessinent vigoureusement sur un ciel de pourpre. Peu à peu les objets se décolorent et nous ne distinguons plus au loin dans la brume que des silhouettes grises s'éteignant peu à peu dans un crépuscule de moins en moins lumineux.

Le 21 mars, le soleil se lève sur une mer aussi bleue et aussi calme que la veille. A midi, on arrive en vue de Sfax, où l'on jette l'ancre à 3 ou 4 kilomètres de la côte. Le paquebot ne repartant que fort avant dans la soirée, nous descendîmes à terre en chaloupe, ce qui se fit sans difficulté; mais le retour de nuit au bateau ne s'opéra pas de même; une forte brise de mer s'étant levée dans la journée nous dûmes, pour accoster, courir pendant près d'une heure, des bordées sur une mer houleuse, tantôt au sommet, tantôt au fond de grosses vagues, qui nous balançaient outre mesure et nous éclaboussaient désagréablement. Tout le monde riait, cela va sans dire; mais j'ai toujours pensé que ce n'était pas de bien bon cœur. J'avoue, pour mon compte, qu'après ce bain forcé, j'ai été fort satisfait de saisir la rampe de l'escalier de l'*Ajaccio*, qui m'a paru alors une vraie terre de salut, et que son roulis m'a semblé de beaucoup préférable au balancement désordonné de notre esquif.

Sfax est la seconde ville de la régence. Elle mérite qu'on s'y arrête. Comme j'ai eu l'occasion d'y repasser et d'y séjourner au retour de ma mission, je remets à ce moment les quelques lignes que j'aurai à lui consacrer.

Le 22 mars, à six heures du matin, nous étions en vue de Gabès, chef-lieu de la province d'Arad.

OASIS DE GABÈS.

CHAPITRE III

SÉJOUR A GABÈS. — LA VILLE ET SON OASIS. — LES DUNES. — MESURES A PRENDRE POUR ARRÊTER LA MARCHE DES SABLES. — LE DISS DU SAHARA. — LE CAMP ET LES JARDINS DE RAS-EL-OUED.

Ce n'est pas le tout d'arriver à Gabès, il faut encore, et surtout, y débarquer. L'embouchure d'une petite rivière nommée l'*oued-Gabès* forme en effet une baie ouverte à tous les vents qui rend difficile et dangereux l'accès de la plage. Par les vents du large, la mer brise au rivage; par ceux de terre, les embarcations sont entraînées vers la haute mer sans pouvoir regagner la côte. Il arrive donc à chaque instant que le paquebot est obligé de continuer sa route sans pouvoir débarquer ni les passagers, ni les colis, ni même les dépêches. On cite à ce propos la véritable odyssée d'une brigade de gendarmerie, qui, embarquée à Tunis à destination de Gabès, dut recommencer trois fois la traversée, forcée au premier et au second voyage de revenir à Tunis après avoir, comme le paquebot, visité Tripoli et Malte.

Grande était donc notre préoccupation aux approches de la rade; la perspective d'une promenade à Tripoli et Malte et du retour à Tunis avec notre cavalerie et tout notre matériel, ainsi que le retard de quinze jours qui en eût été la conséquence, n'avait rien de réjouissant. Aussi fûmes-nous délivrés d'un grand poids quand le commandant du bord déclara que l'état de la mer permettait de débarquer. Plus favorisés que les infortunés gendarmes, nous étions à terre à huit heures, hommes, bagages et chevaux, et ces derniers manifestaient leur satisfaction en sautant, galopant à tort et à travers ou se roulant dans le sable de la plage. Il ne fallut pas moins des efforts réunis de nos quatre gardes pour les mettre à la raison.

L'aspect de Gabès n'a rien qui rappelle celui des autres villes de la côte. En face de nous, deux ou trois maisons blanches à terrasse et une assez longue rue bordée de constructions la plupart en planches où s'est installé le commerce de toute nature qui suit une armée d'occupation, ce qu'on appelle les *mercanti;* à gauche, les baraquements du camp ; à droite, une vaste forêt de palmiers, voilà Gabès vue de la plage. La ville se compose en effet de la réunion de plusieurs bourgs ou villages, disséminés sur les limites ou au centre de l'oasis, dont les principaux sont : Djara, Menzel et Chenneni, puis Sidi-Boul-Baba, Menara et Teboulba. Tous ces centres de populations paraissent être les débris d'une ancienne et riche cité dont on trouve la description dans le géographe arabe El-Bekri. Le géographe Edrisi, vers le milieu du douzième siècle, et Léon l'Africain, au seizième, la représentent comme une ville populeuse defendue par d'épaisses murailles et des fossés. C'était l'ancienne *Tacapi* dont les matériaux ont servi à la construction des bourgs actuels. La population totale est évaluée à 15,000 habitants, dont 4,000 à Djara au nord et 3,500 à Menzel au sud-ouest. Des rivalités souvent sanglantes ont existé de tout temps entre ces deux bourgs et se sont manifestées au moment de l'occupation française; tandis que Djara se soumettait sans résistance, Menzel se défendit et ses habitants tirèrent sur nos troupes, d'un marabout dont on s'empara d'ailleurs aisément le 24 juillet 1881. Aujourd'hui encore, tandis que toute la province est pacifiée, les habitants de Menzel n'acceptent qu'avec répugnance notre domination.

Les environs de Gabès, partout où l'on a pu amener l'eau, et particulièrement les oasis, sont très fertiles, mais insalubres. M. l'inspecteur général des ponts et chaussées Voisin-Bey, qui a visité Gabès en 1883, estime qu'au lieu du débarcadère en charpente construit sur la plage par le génie militaire, il eût été préférable d'améliorer par des jetées et des dragages l'entrée de la rivière de manière à en assurer l'accès aux mahones et à avoir un petit port intérieur; on aurait ainsi en même temps assaini la rivière dont les bords sont couverts d'une eau croupissante. Le simple jeu des marées eût été à cet effet suffisant, car leur amplitude y atteint $1^m,80$, phénomène qui n'existe, je crois, que sur cette portion du littoral méditerranéen.

La vie matérielle est plus difficile à Gabès qu'en aucun autre point de la côte de Tunisie. Les denrées alimentaires et autres y font en grande partie défaut et l'on est obligé d'attendre ses approvisionnements des paquebots qui se bornent souvent à signaler au large leur passage. Le pays est fiévreux, la pluie très rare et les chaleurs de l'été insupportables. Enfin l'eau, plus ou moins magnésienne et purgative, est impotable à moins d'être distillée. Nous n'eûmes point d'ailleurs à souffrir de tous ces désagréments, ayant reçu dès notre arrivée chez M. le général Allegro, gouverneur de la province, la plus sympathique hospitalité pendant le séjour que nous dûmes y faire pour l'étude de l'oasis et de ses ensablements.

L'oasis de Gabès et les autres petites oasis qui l'environnent et lui font comme une ceinture ont été décrites avec autant d'élégance que d'exactitude par M. Victor Guérin, dans son excellent ouvrage sur la Tunisie.

Je ne saurais mieux faire que de citer textuellement:

« Tous les voyageurs qui ont visité Gabès ont vanté à l'envi ses jardins. Qu'on se figure à droite et à gauche de l'Oued-Gabès une suite de vergers d'une incomparable fertilité! Cet oued, se divisant en deux branches et en plusieurs canaux qui alimentent à leur tour une multitude de rigoles, répand tout le long de son cours la fécondité et la fraîcheur. S'il venait à tarir, l'oasis délicieuse qu'il a créée et qu'il entretient ferait bientôt place au désert ; et, au lieu d'une terre grasse et limoneuse, on ne verrait plus qu'un sol aride et sablonneux. Il pleut en effet très rarement à Gabès et, sans ce fleuve nourricier, les hommes seraient impuissants à rien tirer de cette terre devenue rebelle à leurs efforts ; tandis que, grâce à ses eaux intarissables, elle leur prodigue, avec un faible travail de leur part, les produits les plus abondants et les plus variés.

« Ces jardins, séparés les uns des autres ou par des haies de cactus ou par de petits murs en terre battue que hérissent des branches de palmiers, sont partagés eux-mêmes en un grand nombre de compartiments autour desquels circulent à certaines heures et en vertu de conventions réciproques des ruisseaux vivifiants. Ces compartiments sont semés de blé, d'orge, de divers légumes ; à l'entour croissent des figuiers, des citronniers, des amandiers, des orangers, et bien au-dessus de ces arbres, confusément plantés, de magnifiques dattiers, à la tige svelte et élancée, dressent dans l'air leur panache verdoyant. »

La culture du henné a dû être abandonnée à Gabès depuis l'impôt qui l'a frappée ; le tabac y réussit également très bien et y donne des produits de qualité supérieure, mais la culture en est interdite. Ne vaudrait-il pas mieux la réglementer ?

Une portion de l'oasis de Djara fait front à la mer sur une longueur de 2 kilomètres. La direction de la côte en cet endroit est du sud-est au nord-ouest. Les vents régnants sont ceux de l'est qui soufflent pendant six mois de l'année, de mars à septembre, et ceux de l'ouest pendant les six autres mois. La hauteur de la marée atteignant, comme je l'ai dit, $1^m,80$, la plage à mer basse offre une vaste étendue d'un sable très fin, contenant de 15 à 20 pour 100 de matières calcaires, que les vents d'est chassent vers l'oasis. Ces sables s'ajoutant à ceux de la côte mal fixée et incessamment parcourue par le bétail ont pénétré à travers les jardins sous forme de grandes dunes blanches atteignant de 12 à 14 mètres de hauteur et 400 mètres de profondeur à partir du lai de mer. Ces dunes complètement mobiles sont de tous points semblables à celles qui se forment sur le littoral de l'océan Atlantique, de l'embouchure de l'Adour à celle de la Loire. D'origine semblable, elles en affectent toutes les formes et s'avancent incensiblement, recouvrant les cultures et les arbres jusqu'à la cime des palmiers. Soixante hectares dont un tiers cultivé sont aujourd'hui complètement sous le sable. Cette situation est menaçante et tend à s'aggraver tous les jours.

Bien que l'apport du sable de la plage sous l'action du vent de mer soit évident, c'est le pâturage incessant des troupeaux entre la mer et la limite des palmiers qui a fait le plus de mal. Il croît en effet spontanément dans cette zone une graminée, aux feuilles longues, aiguës et piquantes, fleurissant en un bel épi argenté, formant des touffes épaisses à longues racines traçantes, admirablement propre à fixer le sol en le couvrant d'un épais tapis de verdure et à jouer le rôle du gourbet dans nos dunes de France. Cette plante nommée par les indigènes *cfa* ou *cfar* est le *diss du Sahara (Imperata cylindrica)*; malheureusement elle est tellement arrachée par les habitants qui en font du chauffage ou broutée par le bétail, que c'est à grand'peine qu'on peut s'en procurer un spécimen intact. Protégée contre les dévastations des hommes et des animaux, elle formerait à la surface du sol un épais fourré qui en empêcherait la désagrégation et la mobilisation, arrêterait et fixerait au passage le sable venant de la plage. Elle eût suffi à elle seule à empêcher la formation des dunes qui menacent aujourd'hui l'oasis.

Il est possible non pas de rendre à la culture les parties recouvertes de sable, mais d'empêcher les dunes actuelles de pénétrer plus avant dans les jardins. On y arrivera en installant le long du rivage, à 50 ou 60 mètres du lai de mer, une palissade en planches qu'on exhaussera graduellement au fur et à mesure de son ensablement, et qui formera en quelques années une dune littorale assez élevée pour abriter l'oasis contre le sable et le vent de la mer. La zone située en arrière de la palissade sera ensuite close par des levées en terre plantées au sommet de branches de palmiers, comme toutes les clôtures en usage dans le pays, et complètement soustraite aux déprédations des hommes et aux dévastations des animaux. En peu d'années le *cfar* aura repris naturellement possession de la plus grande partie du sol et il ne restera que peu de travaux à faire pour fixer et gazonner le reste ; des plantations de *ricin* et de *tamarix* qui prospèrent très vigoureusement sur le littoral sont naturellement indiquées dans ce but. Enfin, à titre d'essai d'abord, quelque semis de pin d'Alep et de pin maritime. L'évaluation de la dépense des travaux pour la première année n'est pas supérieure à 10,000 francs. On devra, les années suivantes, les entretenir et surtout les faire garder. Il n'y aura dans l'exécution qu'une difficulté sérieuse, c'est la mise en *défens* d'une zone ouverte de temps immorial aux Arabes et à leurs troupeaux. Cette difficulté sera grande, il n'y a pas à se le dissimuler, et se reproduira pour toutes les oasis ensablées dont je parlerai plus loin. Elle doit être surmontée coûte que coûte, si l'on veut empêcher que toutes les oasis ne disparaissent un jour sous le sable et que leurs riantes cultures ne fassent place au désert.

A Gabès il faut rattacher le camp de Ras-el-Oued qui a été établi à 9 kilomètres au sud-ouest, et auquel on se rend soit en traversant, soit en longeant l'oasis. Les baraquements ont été construits dans une plaine complètement nue, aride et sablonneuse. Quatre puits creusés à 14 mètres de profondeur fournissent à la troupe une eau suffisante, relativement fraîche et potable, mais légèrement purgative.

A quelques centaines de mètres du camp, l'Oued-Gabès coule profondément encaissé au fond d'un ravin transformé en une ravissante petite oasis où de hauts palmiers abritent de leur ombre toute une culture maraîchère admirablement soignée et entretenue par la troupe qui y trouve une abondante provision de légumes. Des allées bien sablées et correctement dessinées franchissent sur des ponts rustiques les nombreuses rigoles qui portent à chaque plate-bande sa provision d'eau; diverses essences exotiques et de nombreux fruitiers d'introduction récente mêlent leur ombre à celle des palmiers et font de ce ravin à la fois un potager et un jardin anglais dont le besoin se faisait vraiment sentir dans le site désolé de Ras-el-Oued.

Si jamais cette simple relation de voyage tombe sous les yeux de M. le ministre de l'agriculture, je me permets de lui signaler le directeur des travaux (1) comme ayant bien gagné l'ordre du Mérite agricole.

(1) Je tiens de M. le commandant de zouaves Jegu, qui m'a fait visiter les jardins de Ras-el-Oued, que les travaux ont été exécutés sous les ordres de M. le lieutenant Kléber.

INTÉRIEUR DE DAR-EL-BEY A TUNIS.

CHAPITRE IV

DE GABÈS A EL-HAMMA. — DÉPART DE GABÈS. — NOTRE CARAVANE. — RELIEF DE LA RÉGION. — FLORE DÉSERTIQUE. — L'EAU SULFUREUSE DU PUITS DE CHENCHOU. — L'OASIS D'EL-HAMMA. — CAMPEMENT AU BORD DE L'OUED-HAMMA.

Le 26 mars, dans l'après-midi, nous allâmes prendre congé de M. le colonel du 13ᵉ chasseurs de la Roque (aujourd'hui général), qui pendant notre séjour à Gabès ne cessa de nous témoigner tout l'intérêt qu'il prenait à la réussite de notre mission, nous accompagna en personne dans nos reconnaissances, mettant à notre service sa profonde expérience des hommes et des choses du pays et nous donna enfin sur notre itinéraire les renseignements techniques les plus précieux. En outre deux spahis devaient nous servir de guide pour les premières étapes. Nous louâmes à Gabès six dromadaires conduits par cinq chameliers qui s'engagèrent à nous accompagner jusqu'à Sfax pour le transport de nos bagages et de toutes nos provisions de voyage, parmi lesquelles il fallut compter huit cents litres d'orge pour les chevaux.

Le 27 mars, à six heures et demie, toute la caravane était prête. Pendant la nuit un violent orage accompagné d'une bienfaisante pluie avait abattu la poussière et rafraîchi l'atmosphère ; quelques gros nuages noirs au-dessus de la mer n'étaient pas de nature à nous arrêter, bien que dans le moment présent nous eussions moins besoin d'eau que la campagne brûlée de Gabès. Nos chevaux, fatigués d'une longue inaction, témoignaient une ardeur de bon augure qui, malgré la longueur du trajet, s'est d'ailleurs rarement démentie.

Enfin le signal est donné et après un dernier regard à l'hospitalière résidence du gouverneur, nous nous mettons en marche. Nous prenons les devants avec un des guides et trois gardes. Le convoi des bagages à l'allure plus lente doit suivre à distance conduit par l'autre guide et sous la surveillance du quatrième garde.

Comme c'est toujours dans cet ordre que s'est effectué notre long voyage, il est juste que je fasse connaître dès maintenant le personnel de la petite caravane, car nos quatre braves gardes ont eu aussi leur part des fatigues, et je tiens à constater à leur honneur qu'ils ont toujours montré un courage et un dévouement à toute épreuve.

En tête du premier détachement marche notre guide — en ce moment c'est un spahi — généralement ce sera un Arabe de réquisition.

Nous suivons, M. Lefebvre et moi, montés sur deux vigoureux petits chevaux arabes et escortés des deux gardes, Ali-Ben-Mohamed et Mohamed-El-Ouarghi, armés d'un sabre et d'un mousqueton. Ali-Ben-Mohamed est un spahi récemment libéré; il a conservé du régiment l'habitude de la discipline et d'un dévouement passif au devoir et aux chefs. Il est jeune encore, a l'œil vif, la physionomie douce et intelligente, il comprend et parle suffisamment le français, écrit très bien l'arabe. C'est lui qui sert d'interprète dans toutes les occasions, prend et écrit à cheval toutes les notes et fait toutes les corvées qui demandent de l'énergie et de la vigueur. Il est spécialement attaché à la personne de son chef, M. Lefebvre.

Mohamed-El-Ouarghi est un homme ayant passé la cinquantaine, il est gros et trapu; sa barbe est grise. Il a une figure sympathique et respectable. Il porte le costume arabe dans toute son élégance et monte un superbe cheval gris fer aux pieds et à la queue teintés en orangé par le henné. Mohamed, comme Ali, est un bon musulman, scrupuleux observateur des préceptes du Coran. Il a été à la Mecque et jouit dans sa tribu d'une grande considération. Il ne dit ni ne comprend un seul mot de français. Attaché à ma personne et fidèle observateur de la consigne, il me suit comme mon ombre. J'ai trouvé en lui une ordonnance sûre et fidèle et, de plus, complètement muette, car nous ne pouvons guère converser que par signes.

Le troisième garde, El-Khiari-Ben-Hessit, est un ancien brigadier forestier d'Afrique passé au service du bey. Bien qu'entre les deux âges, il a encore la barbe noire et le regard perçant sous un épais sourcil. Il est aussi musulman, mais avec des tempéraments. Je le soupçonne d'être un peu libre-penseur. Il parle bien le français et envoie encore mieux une balle. C'est un vieux chasseur qui a modestement quatre lions à son actif, dont l'un lui a laissé des traces de ses griffes. Il sert de flanqueur à la colonne, moins pour la préserver d'une surprise de l'ennemi que pour fusiller le gibier. C'est lui, en effet, qui a la mission de nous approvisionner de plume et de poil, et il n'a pas dépendu de lui que notre garde-manger ne fût toujours bien garni sous ce rapport.

Ces trois gardes portent à l'arçon de leurs selles tout un arsenal : nos manteaux, nos sacoches, nos fusils, des musettes contenant des provisions de toute nature, car la selle arabe est sous ce rapport un chef-d'œuvre de commodité. N'oublions pas non plus le capuchon du burnous, dans lequel on engouffre tout ce qu'on ne peut suspendre à l'arçon.

Un guide précède et dirige le second convoi, celui des dromadaires. C'est le garde El-Hadj-Ali qui en a la charge spéciale, et son rôle pour être plus modeste n'en est pas moins des plus importants ; car il conduit nos cantines, nos tentes, nos vivres, voire même maître Jouve, notre cuisinier, qui se balance majestueusement sur le point culminant d'un des hauts quadrupèdes. Sa consigne est de presser sans cesse l'allure afin d'arriver à l'heure voulue pour le campement et le dîner, mission souvent difficile, car le chameau, habitué à chercher tout le long du chemin sa nourriture aux arbustes épineux qu'il rencontre, n'aime pas à se presser, et le nègre qui le suit ou le monte, pas davantage.

Après avoir traversé l'oasis de Menzel, nous nous dirigeons au nord-ouest vers une chaîne de montagnes peu élevée et complètement dénudée dont les points culminants sont les Djebel *Dissa* et *Menzof* et le *Zemetet-el-Halouga*. La plaine que nous traversons au sortir de l'oasis est formée d'un sol calcaire sec et aride où croît une chétive végétation de *metenam* ou *thymélée cotonneux* (*Thymelea hirsuta*, famille des thyméléacées), petit arbrisseau ne dépassant pas 1 mètre de hauteur à tige très rameuse, à rameaux grêles, blancs, tomenteux, feuillés sur toute leur longueur, qui constitue à peu près le seul chauffage des environs et que les habitants de Gabès viennent chercher très loin à dos d'âne. Quelques troupeaux de chèvres et de moutons disséminés au loin dans la plaine paraissent y brouter une herbe absolument absente.

Après avoir franchi sans difficulté la chaîne de montagnes nous entrons dans une vallée d'aspect moins aride, plus fraîche et couverte au loin d'une végétation arbustive et herbacée dont la teinte verdoyante réjouit le regard. Parmi les arbustes, nous voyons le *metenam*, le *guedhdham* (*Caroxylon tetragonum*), formant de grosses touffes épineuses; le *jujubier sauvage* ou *sedra* (*jujubier des lotophages, Zizyphus lotus*, famille des rhamnées), arbuste qui croît dans presque toutes les plaines à l'état de buisson très épineux, formant des touffes arrondies de 1 à 3 mètres de hauteur, autour desquelles le sable s'accumule en monticules; son fruit est une petite nuculaine jaune rougeâtre de la grosseur d'une cerise; le *retem* (*Retama-rœtam*, famille des légumineuses), qui a toutes les apparences d'un genêt à fleurs blanches, mais dont le fruit est monosperme indéhiscent, ce qui le différencie des papilionacées, très joli arbrisseau pouvant atteindre 3 à 4 mètres d'élévation; le *harmel* (*Peganum harmala*, famille des rutacées), arbuste à fleurs jaunes, très abondant dans tous les terrains sableux et que nous retrouverons presque partout dans le sud. Parmi les plantes herbacées, le *tagouft* à l'odeur aromatique et le *chendgoura*, herbe parfumée très recherchée des gazelles.

A onze heures, nous faisons halte pour déjeuner près du puits de Chenchou, vaste excavation entourée d'une muraille en maçonnerie. L'eau est à 10 mètres de profondeur. On y accède par un escalier délabré de cinquante-deux marches. Nous nous installons de notre mieux à l'ombre d'une touffe de *retem*, fort insuffisante, d'ailleurs, car le soleil a percé les nuages et la chaleur est forte. Les burnous d'Ali et de Khiari nous servent de siège, et le sable de nappe. Les provisions sont tirées d'une musette suspendue à l'arçon d'une selle. Elles se composent d'une miche de pain, d'une boîte de sardines et d'une tranche de jambon, d'une bouteille de vin et de café. Je cite ce menu fort présentable, d'ailleurs, parce qu'à peu d'exceptions près il a été celui de tous nos déjeuners et qu'il avait, en outre, le mérite de n'exiger aucun préparatif et, par conséquent, de n'accorder au repas du matin que le temps strictement nécessaire pour laisser souffler nos montures. Mais une grande déception nous attendait. L'eau du puits est sulfureuse et l'odeur d'œuf pourri qu'elle répand ne nous permet pas d'y goûter. La privation d'eau, pénible pour nous, l'est bien davantage pour notre escorte, à qui la loi du Prophète ne permet pas l'usage du vin, et qui est obligée de se résigner à déjeuner sans boire. Aussi à midi remontons-nous promptement en selle pour gagner El-Hamma, dont trois heures de marche nous séparent encore et où nous arrivons à travers une série de collines calcaires, arides et nues, qui nous donnent un avant-goût du désert.

Trois sources sulfureuses situées à la limite sud-est de l'oasis d'El-Hamma sortent de terre à la température de 40 à 45 degrés, tout à côté du village, et irriguent à elles seules la partie de l'oasis placée en contre-bas, où croissent des figuiers et de vigoureux palmiers qui ne bénéficient qu'une fois par mois de l'arrosage. Sous le couvert, il existe de belles cultures d'orge et de luzerne. La portion d'oasis qui est située à un niveau supérieur à celui des sources n'est pas arrosée. On y supplée en entourant les palmiers, ou touffes de palmiers, de profondes excavations circulaires destinées à capter l'eau de pluie, quand il en tombe, ce qui est fort rare. Le terrain, faute d'eau, y est nécessairement inculte. C'est un sol sablonneux et marneux, qui ne manque cependant pas de fertilité. Des palmiers isolés ou en bouquets qui subsistent encore à de grandes distances de l'oasis actuelle ne permettent pas de douter qu'elle ne s'étendît autrefois beaucoup plus loin, peut-être même sur toute la contrée arrosée par la petite rivière de l'Oued-Hamma, qui coule non loin de là à l'ouest. Cet oued prend sa source à Etmata. Il a de l'eau toute l'année, et, par les orages, se transforme en un torrent violent. Il semble donc qu'on pourrait, au moyen d'un solide barrage, capter ses eaux, qui vont se perdre dans les sables du chott El-Fedjedj, et les distribuer dans les oasis et dans tous les terrains autrefois en culture, qui reprendraient rapidement leur fécondité première. Le sable, jusqu'ici, n'a pas envahi l'oasis d'El-Hamma.

Pendant le temps employé à cette visite, le convoi des bagages est arrivé sur le lieu du campement, aux bords de l'oued, à 1 kilomètre d'El-Hamma et à 36 kilomètres de Gabès.

On procède sans retard à l'installation du camp. Nos dromadaires, toujours très dociles quand il s'agit de les débarrasser de leur chargement, s'agenouillent d'eux-mêmes. En un clin d'œil, quatre tentes sont dressées, celle de M. Lefebvre et la mienne, celle des gardes et celle des chameliers. Notre mobilier est vite installé :

deux cantines servant de support à un lit de camp et une petite table. Il reste peu de place pour les réceptions, il est vrai ; mais le lit sert à la fois de chaise, de fauteuil et de canapé ; un bon matelas et une chaude couverture de Tunis lui donnent, d'ailleurs, un aspect des plus tentateurs après une journée de fatigues. Enfin le couvert est mis sous ma tente qui doit servir aussi de salle à manger, et, pendant que nos dromadaires se promènent aux environs à la recherche de leur dîner, et que nos chevaux vont s'abreuver à l'Oued, maître Jouve nous apporte gravement le potage. Le dîner fut nécessairement des plus gais : la soupe maigre, la saucisse remplaçant le rôti, et les légumes de conserve eurent les honneurs d'une double et triple répétition et nous donnèrent la plus haute idée des talents de notre maître-coq. L'eau, d'ailleurs, était fraîche et bonne et nous pûmes en boire à notre soif.

Nous eûmes ensuite la visite du cheik d'El-Hamma, suivi d'un groupe des notables de la localité qui protestèrent de leur dévouement à la France dans un long discours où le mot *Allah* revenait souvent. Après une réponse de M. Lefebvre dans les mêmes termes, mais que je ne compris pas davantage et un échange de nombreuses poignées de main, on se sépara les meilleurs amis du monde.

La soirée se termina par l'achat d'un mouton (10 francs) et de six poules (9 piastres, environ 5 fr. 60). Il était dix heures du soir quand nous pûmes nous enfermer sous nos tentes, et, malgré le vent et la pluie qui faisaient rage au dehors, nous y trouvâmes, enfouis sous nos couvertures, le plus délicieux sommeil qu'on puisse imaginer.

CHAPITRE V

D'EL-HAMMA A LIMAGUEZ. — LE PARCOURS DES BÉNI-ZID. — RELIEF DE LA RÉGION. — APERÇU GÉOLOGIQUE. — LES GYPSES DE L'OUED-SÉFRA. — L'EAU SALÉE DE L'OUED-OUM-EN-NÉKLA. — LES POULES DE CARTHAGE. — AIN-MÉLOUZANE. — LA FLORE DÉSERTIQUE : L'ALFA ET LE SCURHA. — LE MÉTENAM, LE RETEM, LE JUJUBIER SAUVAGE, LE ZEITA, LE GUETHEF, L'ALFA, L'ARTHA, LE CHIEHH, L'ARFEYDI ET LE SECOUM. — LA VIPÈRE A CORNES. — LE CHOTT EL-FEDJEDJ ET L'OASIS DE LIMAGUEZ.

Le 28 au matin nous sommes debout à cinq heures. Tout le camp est déjà en mouvement. Nos chevaux, attachés en ligne par les deux pieds de devant, la musette au nez, achèvent leur ration d'orge. Nos dromadaires, agenouillés, se laissent charger sans trop de protestation, tout en étendant leur long cou vers les arbustes épineux, que leur position leur permet d'atteindre et qu'ils dévorent avec une satisfaction qui fait plus d'honneur à leur philosophie qu'à la délicatesse de leur palais. Les tentes sont abattues et roulées, et le matelas et la couverture disparaissent dans le fond d'un sac. Il ne reste plus rien de notre somptueux appartement.

Pendant qu'on hisse sur les chameaux tout notre matériel, sans oublier le mouton et les poules, maître Jouve s'époumonne à souffler un feu d'herbe mouillée qui refuse obstinément de brûler, et ce n'est qu'après bien des efforts qu'il vient à bout de nous apporter deux tasses de café noir, dans lesquelles il y a autant à manger qu'à boire. Bien que le café arabe ne soit pas précisément désagréable, nous insistons près de notre Marseillais pour qu'à l'avenir il nous le serve sans les marcs ; à six heures et demie, la colonne se met en marche.

Nous nous dirigeons au sud-ouest, à travers le parcours des Beni-zid, région montagneuse bornée au nord par le chott El-Fedjedj, au sud par le Sahara, et habitée par une tribu berbère nomade, d'une population évaluée à 6,000 âmes. Les Beni-zid possèdent une fort belle race de chevaux et mènent paître leurs troupeaux sur toute la lisière sud du chott. Cette tribu, contrairement à celle des Hammema qui campe au nord du chott, est de mœurs douces et paisibles.

Devant nous s'ouvre une immense plaine bornée au sud, sur notre gauche, par une longue chaîne de montagnes calcaires abruptes, les Djedel *Aziza* et *Tebaga*. Au nord, sur notre droite, s'allonge à environ 10 kilomètres le chott El-Fedjej et au delà, une chaîne de montagnes parallèle à celle du sud et fermant l'horizon. Ce sont les Djebel *Haidoudi*, *Fedjedj*, *Beloufia*, *Steheur*, *Haddifa*, *Oum-el-Oguel*, etc.

Cette vallée, qui s'étend à perte de vue devant nous vers l'ouest, commence la région des chotts, et les monts qui la bornent au sud forment une barrière entre cette contrée et le Sahara. C'est aussi la limite naturelle des terrains calcaires de la région crétacée qui s'étend vers le sud avec les quaternaires qui caractérisent les vallées des chotts. Le sol se compose de sable alternant avec des calcaires à fleur de terre. Le sous-sol paraît formé de marnes gypseuses, et en traversant l'Oued-Sefra complètement à sec, nous recueillons de remarquables cristaux de gypse colorés en rouge ou en vert.

Plus loin nous arrivons à l'Oued-Oum-en-Nekla (la mer du Palmier), qui roule un filet d'eau claire, et nous y faisons halte pour le déjeuner. Mais nous ne sommes, sous le rapport du liquide, pas mieux partagés que la veille, car, si l'eau du ruisseau n'est pas sulfureuse, elle n'a pour elle que sa bonne mine, et Khiari, qui, le premier, va la goûter, fait une horrible grimace. C'est de l'eau salée!

Cette désagréable surprise nous force à abréger la halte le plus possible. A peine en selle, une bande de poules de Carthage se lève bruyamment à une centaine de mètres dans une anfractuosité du lit de l'Oued-Magroul, et en moins de temps qu'il n'en faut pour saisir nos fusils, s'éloigne dans une direction opposée à celle que nous suivons. Nous ne devions plus les revoir. Néanmoins, la vue des outardes canepetières a ranimé l'ardeur de notre chasseur qui, depuis le départ, n'avait encore aperçu que des alouettes et commençait à trouver que, sous le rapport du gibier, le pays n'était pas à la hauteur de sa réputation, Nous le laissons prendre les devants et battre consciencieusement les parties les plus herbées de la plaine, qui offre à cette époque de l'année une assez belle verdure, destinée à disparaître bientôt en partie sous les brûlantes ardeurs de l'été.

Nous retrouvons toutes les plantes de la veille : le *metenam*, le *retem*, le *harmel*, le jujubier sauvage, le *tagouft*; puis apparaissent successivement de nouvelles espèces qui caractérisent avec les premières la végétation désertique : ce sont le *zeita* (*Limonastrum guyonianum*, famille des plombaginées), arbrisseau encore de petite taille, mais que nous avons vu sur certains points atteignant 2 mètres et plus de hauteur. Il forme des touffes rondes, recouvertes à cette saison de jolies petites fleurs d'un rouge violacé. La tige présente de nombreux renflements ou excroissances provenant de la piqûre d'un insecte, particularité suffisante pour faire reconnaître à première vue le *zeita*. Le *guetef* (*Atriplex halimus*, famille des salsolacées), croissant en fortes touffes épineuses; l'*alga* (*Hœnephytus deserti*, famille des crucifères), joli petit arbuste à feuilles crénelées, d'un vert sombre à fleurs violettes; l'*artha* (*Calligonum comosum*, de la famille des rumex), arbuste tortueux, branchu, perdant ses feuilles en hiver et ressemblant alors au jujubier sauvage; au printemps, il se couvre de jolies petites fleurs assez semblables à celles de l'aubépine; le *chiehh* (*Artemisia alba*, famille des synanthérées), plante très abondante dans toute la région saharienne, à petites fleurs jaunes et ayant le port et l'aspect de la bruyère ; l'*arfeydi* (*Anvillea radiata*, famille des composées) ; le *secoum*, sorte de chardon atteignant quelquefois une assez grande taille ; le *Babous-el-far* (*Penicum turgidum*, famille des graminées), plante herbacée formant par places d'épais tapis sur le sol. Enfin, la plus importante de toutes, l'*alfa* (*Stipa tenacissima*, de la famille des graminées), commence à se montrer en fortes touffes. L'alfa (1) donnant lieu à un des plus importants commerces du sud de la régence, il en sera parlé avec plus de détail, lorsque nous traverserons sa région propre.

Pendant toute cette journée, le temps resta couvert et la température fut très supportable ; aucune pièce de gibier ne se montra ; par contre, nous en rencontrâmes un que nous ne cherchions pas, mais que nous devions trouver par la suite beaucoup trop abondant. C'est la vipère à cornes (*Cerastes Ægyptiaca*), appelée par les Arabes *Efáa*, reptile des plus dangereux, dont la piqûre est presque toujours mortelle. Elle recherche les lieux humides, et, dans les sols secs et pierreux, s'abrite volontiers sous les broussailles. J'ai pu m'en procurer une fort belle, qui a été adressée au cabinet d'histoire naturelle de l'Ecole forestière de Nancy.

A cinq heures du soir, après une étape de 32 kilomètres, on établit le campement à Ain-Melouzane, sur un terrain montueux et rocailleux au pied duquel

---

(1) D'après l'orthographe et la prononciation arabes on doit écrire le *halfa*. J'ai néanmoins gardé pour cette plante la manière dont on a l'habitude de l'écrire en France.

coule une source d'eau saumâtre, mais près de laquelle nous découvrons dans des excavations de la roche une excellente eau de pluie fraîche et agréable. Maître Jouve descend de sa citadelle une volaille toute plumée à la main, et ce soir au moins nous avons un rôti. Au souper succède une bonne nuit, mais très froide.

A cinq heures et demie du matin, le lendemain 29, nous continuons notre route vers l'ouest, en nous rapprochant des montagnes du Sud, tandis que celles du Nord s'éloignent de plus en plus, et que le chott El-Fedjedj s'élargit à l'horizon.

Le sol de la vallée se relève en monticules et collines accidentés, où la couche calcaire entremêlée de marnes gypseuses se montre à fleur de terre. Dans les fonds où la roche est désagrégée, elle est recouverte d'un sable calcarifère souvent très épais, où croît une végétation arbustive et herbacée assez variée des espèces déjà signalées.

Une nouvelle plante, toutefois, se montre dans les parties où le sable domine. C'est la *cbeit* ou *drin* (*Arthraterum pungens*, famille des graminées), souvent confondue à tort avec l'*alfa* avec lequel elle a d'ailleurs une très grande analogie de fructification et de port, formant comme lui de belles touffes pouvant atteindre 2 mètres de hauteur, pour lesquelles nos chevaux semblent montrer une prédilection particulière. Mais, par un phénomène aussi bizarre qu'inexplicable et déjà constaté par des explorateurs du Sahara, ces deux plantes si voisines, habitant la même région et les

L'OASIS DE LIMAGUEZ ET LE CHOTT EL-FEDJEDJ.

mêmes sols, semblent se refuser à croître en mélange ; partout où l'une se montre, l'autre disparaît. On remarque cependant que l'*alfa* croît plus volontiers dans les calcaires rocailleux, tandis que le *drin* semble préférer les sables mobiles et profonds qui en proviennent.

Une autre plante ayant aussi avec l'*alfa* la plus grande ressemblance croît avec lui en mélange tellement étroit que leurs touffes sont presque toujours intimement confondues et comme n'en faisant qu'une. C'est le *scurha* (*Lygeum spartium*, graminée). La seule différence appréciable consiste dans la forme de l'épi. Tandis que l'*alfa* a une panicule dressée, étalée en tous sens et très rameuse, comme celle de l'avoine, le *Lygeum spartium* porte un épi allongé, ressemblant à celui du froment (1). D'après un jeune chirurgien militaire qui a beaucoup étudié la flore africaine, le *Lygeum spartium* serait la plante exploitée en Algérie sous le nom d'*alfa* ; et, ce qui tendrait à lui donner raison, c'est que c'est bien cette même plante dont il y a une dizaine d'années on a tenté, avec des semences venues d'Algérie, l'acclimatation dans les dunes de la Vendée et de la Charente-Inférieure. Les quelques pieds qui ont subsisté jusqu'à ce jour dans la forêt de Saint-Trojan ne me laissent aucun doute à cet égard.

(1) Je suis ici en désaccord avec l'auteur d'un article sur les dayats du sud de Laghouat, publié dans la *Revue des Eaux et Forêts*, numéro d'octobre 1885, qui déclare que le scurha ne diffère du halfa que par son inflorescence qui ressemble à celle de l'avoine, tandis que celle du halfa est un épi. D'après mes observations, c'est le contraire qui a lieu.

Il ne m'est pas possible de savoir au juste de quel côté est la vérité. Peut-être bien en Algérie a-t-on confondu indistinctement sous le nom générique d'*alfa* ces deux espèces. M. Largeau, un savant explorateur du désert, dont j'aurai occasion de reparler, nous apprend que les Arabes donnent indistinctement le nom de *drin* à toutes les grandes herbes qui poussent sur les hauts plateaux, telles que l'*alfa*, le *cbeit*, le *cfar*, etc. Ce qui est certain, c'est que, dans la régence de Tunis, c'est le Stipa tenacissima seul et à l'exclusion de toute autre plante analogue qui est recherché et exploité sous le nom d'*alfa*.

A neuf heures, nous faisons une courte halte sur un plateau où sourd, au milieu de quelques tamarix, une source d'eau saumâtre (*Ein goum-el-fardh*), et à midi nous arrivons à l'oasis de Limaguez, située à proximité des bords du chott El-Fedjedj. La distance parcourue ce jour-là est de 27 kilomètres. Nous campons non loin de l'oasis, sur le bord de la source tiède et légèrement saumâtre qui l'arrose. Nous sommes dans le pays des Nefzaoua.

Nous employons une partie de l'après-midi à visiter la petite oasis de Limaguez, qui ne présente plus, d'ailleurs, qu'un médiocre intérêt, car elle appartient à une *zaouia* ou communauté religieuse qui en a presque totalement abandonné la culture. Le village de Limaguez n'est plus qu'une ruine, dont la population se réduit à un vieux marabout et à deux ou trois nègres, totalement insuffisants pour mettre en rapport les 10 ou

12 hectares de palmiers qui subsistent encore. Et, cependant, le peu qui en reste permet d'affirmer qu'avec du travail l'oasis pourrait être grande et fertile. La source fournit une eau abondante et les palmiers, courts et gros, portent d'excellentes dattes.

Vers le soir, le vent, qui avait tourné au sud-ouest, commença à souffler avec violence, circonstance des plus préjudiciables à notre cuisine en plein air, que toute l'adresse de maître Jouve n'arriva pas à préserver des tourbillons de sable. Bientôt après éclata un violent orage accompagné de pluie et de grêle. Notre cuisinier fut mis ce soir-là à une rude épreuve. Pour nous, nous mangeâmes sans enthousiasme un morceau de mouton au sable, pendant que des rafales, s'engouffrant sous la tente, menaçaient à tout moment d'emporter la salle à manger. Puis, comme les autruches au moment du danger, nous cachâmes nos têtes sous nos couvertures, attendant en dormant la fin de la tempête, qui ne se calma que bien avant dans la nuit.

CHAPITRE VI

ENTRÉE DANS LE PAYS DES NEFZAOUA. — RELIEF GÉOLOGIQUE : LES DJEBEL-AZIZA TEBAGA, GLÉBANE. RARZABA. SEFTIMI. GOUIADA ET BRIMBA. — FLORE DÉSERTIQUE : L'ALFA, LE CBEIT ET LE MERKH. — LE LEPUS ISABELLINUS. — KÉBILLI. SON OASIS ET LES ENSABLEMENTS.

E lendemain, 30 mars, à six heures et demie du matin, nous partons pour Kebilli, situé à 15 kilomètres au sud-ouest. Le vent est tombé, le ciel est pur, et il ne reste d'autre trace de l'ouragan de la veille que des gouttelettes étincelantes aux branches des arbustes, bientôt pompées par les rayons d'un ardent soleil.

Nous nous dirigeons droit sur la chaîne du Sud, que nous traversons à un col entre les Djebel *Rarzaba* et *Seftimi*. Un vallon de peu de largeur sépare cette chaîne d'une autre chaîne secondaire et parallèle que nous franchissons également entre les Djebel *Ed-Def* et *Gouiada*. La traversée de ces montagnes est très pénible par suite de l'absence de tout sentier frayé et des nombreux et volumineux débris de roches éboulés de leurs sommets ou de leurs flancs, qui barrent partout le passage. Il faut connaître la sûreté de pied des chevaux arabes pour s'aventurer dans de pareils chemins.

La grande chaîne que nous venons de franchir est celle que nous laissions sur notre gauche depuis notre départ d'El-Hamma et qui, sous les noms de *Djebel-Aziza, Tebaga, Glebane, Rarzaba, Seftimi, Gouiada* et *Brimba,* court en s'abaissant de l'est à l'ouest et va se terminer en collines insensibles à Debabcha, à la pointe de terre qui s'avance entre les deux chotts El-Fedjedj et El-Djerid Ce sont des montagnes complètement nues à formes assez régulières, dont les versants nord sont rapides et offrent des pentes de 45 degrés, tandis que les versants sud présentent des pentes douces inclinées vers le Sahara. Elles sont formées de puissantes assises calcaires alternant avec d'épaisses couches de marnes, et couronnées partout d'une calotte de calcaire sacchariforme. Leur altitude, qui est de 600 mètres à l'est à la naissance de la chaîne, va en décroissant vers l'ouest et ne dépasse pas, au point où nous la traversons, 200 à 300 mètres. Par suite de l'absence de toute végétation, la désagrégation des couches marneuses se produit rapidement sous l'influence des agents atmosphériques et provoque les éboulis des roches du sommet jusqu'au pied des falaises.

Au sortir du col, sur le versant sud, une immense plaine se déroule au loin à nos regards. Le soleil la colore de teintes fauves sur lesquelles se détachent en vert foncé une multitude d'îlots qui semblent émerger de ces flots de sable. Ce sont les oasis du pays des Nefzaoua.

En avançant dans la plaine, la végétation commence à reparaître. Elle est représentée par l'*alfa* et le *cbeit*, ce dernier toujours dans les parties sableuses, puis par le *merkh* (*Genista Saharæ*), genêt de petite taille formant des touffes assez épaisses.

C'est là que nous avons levé notre premier lièvre, qui, se dissimulant de broussaille en broussaille, eut bientôt dépisté Khiari et Ali, qui lui donnèrent la chasse au grand galop de leurs montures et lui envoyèrent même des coups de fusil, tirés au jugé, sans doute pour faire parler un peu la poudre et nous donner le spectacle d'une fantasia arabe. Nous-mêmes, tant l'exemple est contagieux, nous mîmes nos chevaux au galop, sans trop savoir pourquoi. Ce lièvre, le seul qu'on trouve dans le pays, est le *Lepus Isabellinus*, en arabe *Erneb*. Il est beaucoup plus petit que celui d'Europe et d'un beau pelage roux. On le dit abondant et excellent, ce dont nous n'avons pas été à même de juger, en ayant rencontré fort peu et n'ayant pu à cheval en tuer un seul.

Nous traversons l'Oued-el-Melah, à peu près à sec à cette époque, sur les bords duquel croissent quelques tamarix. A dix heures, nous arrivons à l'oasis de Kebilli, et nous campons à peu de distance de la source sur une redoute construite, en 1881, par l'armée d'occupation.

Après le déjeuner, nous visitons en détail la ville et l'oasis. Kebilli est une petite ville arabe entourée d'une enceinte percée de cinq portes, et en partie détruite par le bey de Tunis à la suite d'une rébellion de ses habitants. Les maisons sont basses et de chétive apparence. Les rues étroites et tortueuses ; les habitants sont de race blanche et évidemment des berbères. Le khaïd, qui nous accompagne, nous offre chez lui le café arabe, que nous dégustons devant sa maison, à l'ombre, au milieu de toute la population masculine réunie.

L'oasis, qui s'étend à l'est de la ville comme un vaste jardin, renferme, au dire des indigènes, 32,000 palmiers. Une source, abondante et fraîche, en permet l'irrigation complète ; aussi la végétation y est-elle très active ; certains palmiers y atteignent 18 à 20 mètres. Des figuiers, des abricotiers et des grenadiers croissent en mélange et produisent d'excellents fruits. L'olivier, introduit récemment, y prospère. Enfin, sous le couvert de ces arbres, on cultive l'orge et la luzerne.

Malheureusement l'oasis s'ensable actuellement de trois côtés : à l'ouest, au nord et à l'est, par suite de la désagrégation des terrains marneux et gypseux qui l'entourent et sur lesquels elle repose ; terrains qui sont recouverts d'une épaisse couche de sables d'alluvion. L'existence de la source est tout particulièrement menacée : 10 hectares environ sont aujourd'hui ensablés et perdus pour la culture.

Rentrés au campement à six heures, nous y jouissons d'une soirée superbe, qui contraste singulièrement avec celle de la veille ; l'air est tiède et calme. Maître Jouve a dressé le couvert en plein vent, et nous pouvons, tout en dînant, admirer un splendide soleil couchant, qui éclaire de teintes rosés la chaîne des montagnes au nord et le chott El-Djérid à l'ouest. Puis à un court crépuscule succède une nuit éclairée par une lune dans tout son plein, qui répand tout autour de nous et au lointain des lueurs blanches et argentées. De tels tableaux ne se peignent pas; ils ne se décrivent pas davantage.

CHAPITRE VII

ENVAHISSEMENT DES OASIS PAR LES SABLES SOUS L'ACTION DES VENTS ET PAR LA DÉSAGRÉGATION DU SOL. — CAUSES DE CETTE DÉSAGRÉGATION : APPAUVRISSEMENT ET EXTINCTION DES SOURCES ; DÉFAUT DE CULTURE ; PATURAGE DES TROUPEAUX. — MOYENS PRATIQUES DE PRÉVENIR ET D'ARRÊTER LA MARCHE DES SABLES.

Comme toutes les oasis que nous allons visiter dans les Nefzaoua et dans le Djérid sont toutes plus ou moins ensablées ou menacées, il nous paraît utile d'étudier, dès maintenant, les causes de cet ensablement, et comme conséquence, de rechercher les moyens pratiques de les prévenir et de les arrêter.

Les ensablements, qui, sous forme de dunes plus ou moins hautes et profondes, se sont amoncelés sur certains points de la lisière ou même dans l'intérieur des oasis, menaçant ainsi d'un envahissement progressif les sources, les cultures et les villages même, se sont produits sous l'influence de deux causes tantôt séparées et tantôt réunies, mais concourant au même but; ce sont : sur le bord de la mer ou dans le voisinage des chotts, l'apport direct du sable sous l'action du vent ; partout ailleurs, la désagrégation de la partie superficielle et friable de sols secs et calcaires s'effritant rapidement en un sable fin éminemment mobile, que le vent emporte dans toutes les directions et accumule nécessairement sur les points où la végétation l'arrête et lui oppose une barrière, c'est-à-dire sur le bord même des oasis. Cette dernière cause est de beaucoup la plus fréquente et la plus dangereuse ; on peut toujours lutter contre la première par des procédés connus et nettement déterminés : pour combattre la seconde, il faut en rechercher l'origine. On la trouve : 1° dans l'appauvrissement et l'extinction graduels des sources, qu'on laisse s'ensabler et disparaître, faute de soins et de curage ; 2° dans le manque de culture de l'oasis, que l'indigène tend à abandonner ; 3° enfin dans le pâturage incessant des chèvres, moutons et dromadaires, tout autour des oasis et à l'intérieur.

1° *Appauvrissement et extinction des sources.* — La source est la raison d'être de l'oasis : sans eau, plus de culture ; l'oasis non cultivée redevient promptement le désert ; le débit des sources diminuant suivant une progression constante, la partie cultivée diminue dans la même proportion. Or, ce débit ne décroît que parce que l'orifice de la source, ou le bassin dans lequel elle est emmaganisée s'ensable graduellement. Quand la source est très en contre-bas, les éboulis continuels du sable des talus, produits par le piétinement incessant des hommes et du bétail, en exhaussent à la longue le lit jusqu'à un niveau supérieur à celui de la couche marneuse sur laquelle elle repose ; quand l'eau sort à la surface même du sol, elle est recueillie dans une sorte de bassin souvent insuffisant, mal entretenu, dans lequel se développe une végétation aquatique abondante, et qui tend à se combler rapidement par l'accumulation du sable mobile qui l'entoure. Si l'on ne remédie pas à cet état de choses, l'eau cesse de jaillir à la surface et va se perdre sans profit dans les couches inférieures du sol.

2° *Défaut de culture des oasis.* — Il est malheureusement incontestable que l'étendue cultivée des oasis va chaque jour en diminuant. Sans parler des parties où des montagnes de sable ont forcé l'indigène à abandonner la culture des palmiers, combien n'avons-nous pas vu de terrains non ensablés complètement délaissés, bien que l'irrigation permette de les maintenir à l'état fertile et de plein rapport! Sur d'autres points menacés par le sable, et où l'on eût pu lutter victorieusement par des clôtures et de l'eau, comme l'ont fait en divers endroits des travailleurs intelligents, on a fui devant le danger et on a cessé de cultiver un sol qu'il eût été facile de défendre. Ce sol, aujourd'hui en friche et dénudé, se désagrège peu à peu sous l'influence des agents atmosphériques, par l'absence de toute végétation à sa surface, par le pâturage ; il devient mobile et n'est plus pour les terres voisines, qu'un foyer d'ensablement. Il ressort clairement de cette situation, que l'indigène tend à se désaffectionner du soin de son oasis. Faut-il ne voir dans ce fait que la conséquence de l'affaiblissement du débit des sources? faut-il le considérer comme le résultat de la paresse ou de l'apathie, qui fait le fond du caractère de ces populations? ou enfin n'y a-t-il pas une autre raison d'ordre supérieur, politique ou administratif, une question d'impôts par exemple? Ce qui est certain, c'est que le travail fait partout défaut. Les sources, bien curées et bien entretenues, débiteraient une quantité d'eau supérieure à celle qu'elles fournissent aujourd'hui. Les conditions hydrologiques de ces contrées ont pu être modifiées par les déboisements ou par un exhaussement régulier et progressif du sol; mais le régime des eaux n'en n'existe pas moins à l'état souterrain partout où il a cessé d'être visible à la surface. Une étude très sommaire de la géologie locale nous permet presque d'affirmer qu'on retrouverait partout les sources éteintes et même de nouvelles. Avec de l'eau, les oasis pourraient être remises partout en culture et s'agrandir aux dépens des terrains qui les entourent. Le sol, ainsi fertilisé, couvert d'une végétation arbustive ou maraîchère, ne pourrait plus se désagréger sous l'influence des agents atmosphériques, ni se mobiliser sous l'action du vent, et le sable, ainsi fixé, cesserait de s'amonceler en dunes envahissantes.

« Il est très facile, écrit M. Largeau (1), dans son voyage au pays de Rirha, de se rendre compte de

---

(1) *Le pays de Rirha, Ouargla, voyage à Rhadamès*, par M. Largeau (1879). Paris.

l'exhaussement complet et régulier du sol dans les lieux cultivés et d'en déduire comment les dunes peuvent se former rapidement dans les jardins abandonnés.

« Lorsque les deux puits artésiens, appelés Aïn-Beida et Ben-Trach, furent creusés, il y a peut-être un siècle, le sol évidemment était partout uni, car il est de règle élémentaire que les nègres ne s'amusent point à creuser un monticule isolé pour avoir le plaisir de faire jaillir l'eau à son sommet ; comme ces puits toujours bien soignés n'ont jamais cessé d'entretenir une grande humidité dans le pays que leurs eaux fécondent, les sables charriés par les vents s'y sont arrêtés de préférence et y ont été fixés par ladite humidité ; comme, d'autre part, les jardins n'ont jamais cessé d'être cultivés, les dunes n'ont pu s'y former, et au lieu d'un amoncellement informe de sable mouvant, il n'y a eu qu'un exhaussement lent et régulier du sol produit par le mélange du sable et de l'humus.

« Dans la forêt clairsemée qui longe la rive droite du chott, au contraire, les palmiers sont plantés sans soin, sans ordre, sans canaux d'irrigation ; de grosses veines de sable se sont entassées entre les palmiers, dont beaucoup sont aux trois quarts ensevelis.

« Il est évident que si l'Aïn-Beida et la source de Djezira-Ben-Trach cessaient de couler ou si seulement les jardins qu'elles fécondent n'étaient plus entretenus, les monticules à palmiers dont ces sources jaillissent ne tarderaient pas à se transformer en deux grosses dunes de sable sous lesquelles se perdraient les eaux, et à ces dunes, les palmiers eux-mêmes vite ensevelis assureraient une grande solidité. »

Je suis heureux d'emprunter au savant ouvrage de M. Largeau la précédente citation qui cadre d'ailleurs de tous points avec mes propres observations.

3° *Pâturage autour des oasis.* — Les terrains incultes qui entourent les oasis, couverts d'une maigre végétation herbacée, servent au pâturage d'immenses troupeaux de chèvres et de moutons. Sur la ligne suivie par les caravanes, à Nefta, à Touzer, de nombreux troupeaux de dromadaires campent toute l'année sur des emplacements attenants aux oasis, généralement à proximité des sources. Aucun arbuste si épineux qu'il soit n'est à l'abri de la dent du chameau ; la chèvre broute et arrache jusqu'à la dernière herbe. Le sol, sans cesse piétiné et comme labouré par les pieds fourchus des animaux, devient complètement meuble, et chaque rafale emporte le sable dans une direction qui varie avec celle des vents dominants de la contrée et l'accumule sur les oasis comme sur une palissade. Les immenses déserts de sable qui entourent Touzer, et Nefta n'ont pas d'autre cause, et la désagrégation du sol provenant du pâturage est bien facile à constater au nord-ouest de l'oasis de Touzer, où l'on peut voir des *gours* ou roches gypseuses en décomposition de 5 à 6 mètres de hauteur, isolées au milieu de la plaine, dont elles indiquent le niveau primitif. Ce pâturage abusif et continuel autour des oasis, tout aussi bien que celui qui s'exerce dans l'intérieur, est la cause initiale de la désagrégation et de la mobilisation du sol et par conséquent des ensablements. C'est à ce fléau qu'il faut avant tout remédier.

Les causes du mal étant connues, voici, d'une manière générale, comment il y aurait lieu de procéder pour le combattre.

Dans le cas où il y a apport de la mer ou des chotts, arrêter le sable à une certaine distance de l'oasis (200 ou 300 mètres environ), par des palissades en planche qu'on exhaussera au fur et à mesure de leur ensablement, de façon à créer par l'accumulation du sable une dune bien régulière que l'on gazonnera et fixera dès qu'elle aura atteint la hauteur et la forme voulues. A défaut de planches qui pourraient dans ces régions lointaines devenir trop dispendieuses, on fera, en utilisant les branches du palmier, un clayonnage du genre de celui dont les indigènes clôturent eux-mêmes leurs jardins, en ayant soin de le renouveler aussi souvent qu'il sera recouvert. La dune ainsi formée, une fois bien fixée, servira d'abri contre le sable et le vent. Elle constituera en même temps entour de l'oasis une clôture qui permettra de maintenir dans le zone ainsi tracée le sol bien couvert, et au besoin d'en assurer le gazonnement et la fixation par des semis de plantes locales, par des plantations de tamarix et surtout par l'interdiction formelle du pâturage.

Dans le cas le plus fréquent où l'amoncellement du sable provient de la seule désagrégation de la partie superficielle du sol, on se bornera à installer tout autour des parties mobilisées, à 200 ou 300 mètres de l'oasis une clôture consistant dans une levée en terre de 1^m,50 à 2 mètres de hauteur, au sommet de laquelle on plantera verticalement des branches de palmier de manière à entourer l'oasis d'une véritable zone de protection, où le bétail ne pourra pénétrer et dans laquelle on ménagera, par des chemins suffisamment larges et bordés eux-mêmes de cette clôture, tous les accès nécessaires aux villages et aux sources. Cette zone, qui fera partie intégrante de l'oasis, une fois délivrée de la dévastation du bétail, se couvrira spontanément d'une végétation arbustive et herbacée abondante. Le tamarix et le retem qui croissent partout dans ces sols, bien que constamment mutilés par les hommes ou abroutis par le bétail, y formeront des fourrés à l'abri desquels se développera une végétation de graminées ou de salsolacées qui couvrira le sol et immobilisera le sable. La création de cette zone-abri autour des cultures produira certainement les plus heureux résultats ; elle se fera à peu de frais et ne paraît devoir gêner que fort peu des habitudes invétérées avec lesquelles il faut compter. L'étendue affectée au pâturage ne s'en trouvera pas en effet sensiblement restreinte, et les vastes surfaces incultes tout autour seront toujours bien suffisantes. Au surplus quand on devrait avoir à lutter contre une résistance inintelligente ou systématique, on n'en devrait pas moins persévérer dans l'établissement et la surveillance de la zone protectrice, qui est la garantie indispensable du succès.

Mais il ne suffit pas d'arrêter la désagrégation du sol autour de l'oasis, si on la laisse se produire à l'intérieur par le défaut de culture, ainsi que nous l'avons pu constater en maint endroit. Il faut donc que l'oasis tout entière soit cultivée, et, pour y parvenir, il faut avant tout régler le régime des eaux, protéger les sources actuelles contre l'ensablement, retrouver, en creusant, celles disparues, en rechercher de nouvelles, arriver à une répartition plus uniforme, plus équitable même peut-être de cette eau, « ce bien qui court », la ramener aux parties abandonnées, établir au besoin les barrages nécessaires pour la distribuer à celles dont le niveau s'est élevé par des dépôts de sable et qui ne sont plus fertilisées par l'irrigation. Tous ces résultats ne peuvent s'obtenir que par un travail opiniâtre dont l'Arabe tend à se déshabituer, mais dont il sera certainement capable le jour où il comprendra qu'il est appelé à en recueillir le fruit.

L'ensemble de ces mesures générales, avec les modifications que pourraient y apporter certaines situations exceptionnelles aura pour résultat de sauvegarder l'avenir ; elles seront en grande partie impuissantes pour réparer le dommage sur bien des points : ce que le sable a pris et recouvert d'une couche épaisse est malheureusement bien perdu pour la culture, et tous les efforts doivent se borner à empêcher le mal de s'étendre, à le circonscrire. Or il est une plante que l'on rencontre partout abondamment, là où il existe un peu de fraîcheur, sur le bord des oueds, aussi bien que sur les versants et même les sommets de grandes dunes blanches (où l'on trouve toujours l'humidité à quelques centimètres de profondeur) ; qui reprend avec la plus grande facilité de bouture ; qui résiste aux plus forts ensablements, et que la nature semble avoir placée là tout exprès pour fixer et arrêter les sables. C'est le *tamarix*, en arabe *taffa*. C'est lui qu'on devra planter tout autour des sources pour les protéger, au pied et sur les versants des dunes blanches pour les immobiliser. Grâce à ce précieux auxiliaire, les autres plantes locales, arbustives ou herbacées, prendront rapidement possession de ces sables et contribueront à assurer leur fixation. Il va sans dire que les dunes mobiles qui se sont formées sur la lisière de certaines oasis devront, dans tous les cas, être comprises dans la zone de protection et que les travaux à y exécuter seront toujours mis soigneusement à l'abri des déprédations des hommes et de la dévastation des animaux.

Ainsi donc d'une manière générale et pour nous résumer, les travaux de défense consisteront : dans la création partielle ou totale autour des oasis d'une zone-abri de 200 à 300 mètres de largeur limitée par une simple clôture ou par une palissade fonctionnant en cas d'apport de sable; dans la fixation et le gazonnement naturels et au besoin artificiels de toute la zone-abri avec interdiction formelle du passage des hommes et des bestiaux; dans le curage des sources, la plantation de leurs abords en tamarix, la régularisation du régime des eaux, la culture de l'oasis et le développement de cette culture par tous les moyens possibles.

L'œuvre de la fixation des sables qui envahissent les oasis du sud est une œuvre d'un haut intérêt pour le pays. L'existence d'une nombreuse population y est attachée. Cette œuvre s'impose au gouvernement tunisien au même titre que les ports, les routes et les chemins de fer. Je dirai plus : elle prime tout le reste. Je sais d'ailleurs qu'on est décidé à l'entreprendre à très bref délai, et j'ai la conviction qu'on réussira.

CHAPITRE VIII

DE KÉBILLI A ZARZINE. — LE PAYS DES NEFZAOUA. — MANSOURAH, TELMINE ET LEUR OASIS. — LA GAZELLE ET LE FENEC. — LA PERDRIX GAMBRA. — LE CHOTT EL-DJÉRID. LES OASIS DE BÉCHILLI, BÉROUTHIA, GHÉLIFIA ET ZARZINE. LES DUNES QUI ENVAHISSENT CETTE DERNIÈRE. — LE TAMARIX. — CAMPEMENT A ZARZINE. — LE MÉCHOUI.

« Le *Nezfzaoua,* dit M. Duveyrier (1), est une plaine basse bien pourvue d'eau, qui jouit d'une fertilité naturelle, sauf là où l'on trouve soit un sol de chott, comme sur la lisière nord, soit un sol de sables mouvants, comme dans sa partie sud. Tout voyageur sortant du Sahara du département de Constantine trouvera une certaine analogie entre beaucoup de points du Nefzaoua et les paysages de l'*Oued-Righ.* La seule différence entre les deux réside en ce fait que la plaine basse s'étend au loin tout autour de l'Oued-Righ, tandis que du côté de l'est des chaînes de collines, le Djebel *Tebaga* et les der-

(1) *La Tunisie,* par H. Duveyrier, Paris.

niers contreforts du Djebel *Matmata* auxquels s'adosse la plaine du Nefzaoua font un contraste brusque qui n'existe pas dans l'Oued-Righ, et permettent de passer sans transition de la flore si spéciale des chotts et sebkhras du Sahara à celle des hauts plateaux de l'Algérie. Le climat des oasis du Nefzaoua est chaud, mais c'est de l'eau fraîche qui les arrose. Dans l'origine, leurs habitants étaient des noirs subéthiopiens, comme nous appelons les races nègres qui ont peuplé le Sahara aux temps préhistoriques; mais déjà avant que l'histoire de cette contrée prît un caractère scientifique, ces noirs virent les Berbères s'implanter au milieu d'eux et leur imposer leur langue et leurs coutumes. Ces Berbères, qui donnèrent leur nom au pays, furent les Nefzaoua, branche de la grande tribu de Louâta. Plus tard, le Nefzaoua, comme tout le reste de la Berbérie, fut reconquis pas les Arabes qui y laissèrent des colonies et dont la langue et la religion sont restées celles des trois éléments constituant la population. Presque seuls les noms de quelques villages viennent aujourd'hui corroborer les données historiques concernant l'occupation du Nefzaoua par les Berbères qu'on retrouve purs à Kébilli, par exemple; mais la couleur et le type des habitants de beaucoup d'oasis indiquent bien que le sang des cultivateurs leurs ancêtres a gardé des traces de celui des races nègres.

« L'état officiel tunisien donne au Nefzaoua, en 1868, un chiffre de 15,000 habitants, qui se divisent en sédentaires et en nomades. C'est dans la **partie sédentaire** de la population qu'on trouve l'élément subéthiopien et l'élément berbère.....

« Chaque village a une oasis, où, sauf quelques légumes destinés à la consommation locale, on ne cultive en grand que le dattier. Six tribus arabes nomades vivent dans la partie sud du Nefzaoua et dominent en quelque sorte la population de certaines oasis. »

Citons seulement les Merazig, possesseurs de l'oasis de Negga, tribu paisible et vouée aux choses de la religion; les Ghorib, maîtres de l'oasis d'El-Cabrya, dans la région des dunes, et les Ouled-Ya'goub, tribu nomade pillarde, heureusement peu nombreuse et aujourd'hui hors des frontières de la régence.

Nous employâmes la matinée du 31 mars à visiter les deux oasis de Mansourah et Telmine, situées à 5 kilomètres à l'ouest de Kebilli.

L'oasis de Mansourah, la plus septentrionale, est arrosée par un oued donnant une eau tiède abondante et par cinq sources, dont le débit réuni égale la moitié de celui de l'oued. Malgré cette grande quantité d'eau, un quart environ de l'oasis, trop élevé, n'est pas irrigué et manque de fertilité; mais tout le surplus est parfaitement cultivé. Les palmiers, en général courts et gros, sont plantés par touffes de trois jusqu'à six. De nombreux figuiers et grenadiers croissent en mélange avec les palmiers et abritent de leur couvert de belles cultures d'orge et de luzerne. La petite ville de Mansourah, qui n'a rien de remarquable, est bâtie sur un mamelon au milieu de son oasis, où elle s'enferme comme dans un nid de verdure.

Au sud, et contiguë à l'oasis de Mansourah, se trouve celle de Telmine, qui offre avec sa voisine la plus grande analogie. Nous constaterons toutefois le défaut de culture d'une grande quantité de terrains susceptibles d'irrigation. Ces terrains, en friche depuis quelques années, appartiennent à des dissidents qui ont abandonné la contrée lors de l'occupation française et se sont réfugiés dans la Tripolitaine. On espère toutefois qu'ils ne tarderont pas à rentrer dans leur patrie et à quitter le mousquet pour la vie calme de l'agriculteur.

La ville de Telmine a une origine historique ; c'est l'ancienne *Turris Temellani* des Romains. Elle se compose de deux parties séparées : un vieux château en ruine, situé sur un monticule au sud de l'oasis (*Torra*), et la ville (*Telmine*), aussi à moitié ruinée, qui s'étage très pittoresquement sur un coteau rapide. Parmi les décombres, ou soutenant des murs délabrés, nous découvrons des débris de colonnes avec des chapiteaux d'une très belle architecture. Sur de grosses pierres romaines, on lit des fragments d'inscription latine : une pierre tombale de forme rectangulaire porte l'inscription suivante :

SEX COCCEIO VIBIANO

PRO. COS. PROVINCIÆ AF

PATRONO. MDDPP.

Au pied de la ville s'étend un marais, en ce moment sous l'eau, mais qui, à sec l'été, répand des exhalaisons malsaines ; aussi le pays est-il décimé par les fièvres, ce qui explique la décroissance de la population et peut-être son émigration vers des régions moins insalubres. Malgré la fertilité de l'oasis, les habitants de Telmine sont pauvres et misérables. Il serait facile d'améliorer leur situation en desséchant le marais, dont les eaux pourraient être employées à l'irrigation de l'oasis et les terres livrées ensuite à la culture. Il n'y a d'ailleurs pas de traces d'ensablement jusqu'à ce jour à Mansourah ni à Telmine; mais il est à craindre qu'il ne tarde pas à s'en produire dans cette dernière oasis, si on laisse longtemps en friche les parties actuellement abandonnées.

Nous revenons au camp en traversant, sur 6 kilomètres de largeur, la plaine inculte qui s'étend entre les oasis de Telmine et de Kebilli; le sol y est formé d'un sable d'alluvion provenant de la décomposition des roches sous-jacentes, qui doivent être le prolongement des couches stratifiées des Djebel *Gouiada* et *El-Kerma*, bornant la plaine au nord. Ce sont ces sables qui ont donné lieu à l'hypothèse d'une mer quaternaire, que l'absence de fossiles marins et la présence de fossiles lacustres seules semblent définitivement devoir faire abandonner, hypothèse vivement combattue d'ailleurs par des hommes très compétents, MM. Roland et Pomel, dans les *Bulletins de la Société de géographie de France*. Ces sables sont assez bien fixés par le *zeita* et le *guethef*, qui amoncellent autour d'eux le sable en petits monticules; on y trouve aussi un peu *d'alfa* et plusieurs espèces de salsolacées, qui couvrent le sol.

Le pays passe pour giboyeux; mais le peu de temps

que nous avons à consacrer à la recherche du gibier ne nous permet pas de vérifier le fait, au grand chagrin de notre tueur de lions, qui jure ses grands dieux qu'il n'a jamais vu si piètre terrain de chasse. Nous rencontrons cependant un Arabe, portant dans une corbeille deux jeunes gazelles, dont nous pouvons devenir propriétaires à un prix plus que modique. Mais nous ne sommes qu'au début du voyage et nous avons la sagesse de renoncer à ce supplément de bagages, qui ne serait point arrivé vivant au terme de notre excursion.

La gazelle (*Antilope dorcas*), en arabe *Rhazala*, moins farouche que la grande antilope, est un gracieux animal au pelage zébré, aux jambes fines, doué d'une grande agilité, très abondant dans tout le sud de la régence. Il existe, paraît-il, dans la contrée, deux variétés ne différant que par la taille, la rouge et la blanche; la première plus petite que la seconde.

On trouve aussi, outre le lièvre dont j'ai parlé, le *fenec* (*Fenecus brucei*), petit animal ressemblant beaucoup au renard, mais ne dépassant pas la taille d'un chat. Il a le pelage fauve clair et soyeux, une longue queue qu'il dresse en panache et de larges oreilles souvent retombantes. Infiniment moins sauvage que le renard ou le chacal, il se domestique assez facilement et devient volontiers le commensal et l'ami du maître.

Quelques compagnies de perdrix fréquentent aussi ces parages, principalement les parties abritées et fraîches des oasis. Elles appartiennent à l'espèce *gambra,* perdrix rouge avec un beau collier velouté de couleur marron.

A midi, nous nous séparons. M. Lefebvre se dirige, avec deux gardes, sur Douz, d'où il doit venir me retrouver le lendemain à Zarzine. Je reste au camp avec Khiari et le convoi.

Le lendemain matin, 1er avril, je quitte Kébilli avec Khiari et un guide que nous a fourni le khaïd, pour me rendre à Zarzine (distance, 25 kilomètres). Le convoi doit me suivre, dirigé par un autre guide.

Mon itinéraire est au sud-ouest. Laissant à ma droite l'oasis de Kébilli, j'entre dans le marais qui fait limite à l'ouest du chott El-Djérid. Le sol, complètement dénudé et uni, est couvert au loin de blanches efflorescences salines. Quelques maigres touffes de *rossen* (*salsolacée*), plante caractéristique de la région, se montrent seules, disséminées de loin en loin sur le chott.

Puis le terrain se relève en collines sablonneuses, où croissent le *retem*, le *zeita*, l'*alfa* et le *cbeït*. Je laisse sur ma gauche deux petits bouquets de palmiers, qui représentent l'oasis de Fernane, et j'arrive à celle de Guebat-Saour, que je visite. Elle est située sur un monticule peu élevé, et arrosée par un mince filet d'eau. Elle est peuplée de très beaux palmiers mélangés d'oliviers. Les cultures d'orge et de blé s'étendent tout autour et sont circonscrites dans de petits terrains sablaires séparés par des clôtures en branches de palmier, qui forment à l'oasis une barrière suffisante contre les ensablements.

L'oasis de Bechilli, à peu de distance et au sud-ouest de la précédente, n'est qu'un bouquet de très beaux palmiers, au bas du coteau où est bâti le village. La source, qui sourd à ses pieds, est emmagasinée dans une large cuvette. Dès qu'elle est pleine, c'est-à-dire en moyenne tous les quinze jours, on arrose. La pente sud, qui s'étend du village à la source, où circulent continuellement les habitants et le bétail, est complètement à l'état de sable mouvant, que le vent chasse dans le bassin collecteur. Celui-ci doit être curé fréquemment, ce qu'on éviterait en laissant se gazonner la rampe et en plantant de tamarix les abords de la source.

L'oasis de Berhoutia, au sud de Bechilli, est à peu près dans les mêmes conditions, quoique un peu plus grande et plus accidentée. Le village est sur une éminence au milieu même des palmiers. La source, située au nord, dans une sorte d'entonnoir, n'arrose qu'une faible partie des jardins, qui renferment de nombreux oliviers. L'oasis n'est pas ensablée, et, comme les précédentes, elle est défendue tout autour par de petits terrains en culture, clos de branches de palmiers. Mais la source tend à se combler par l'éboulement du sable des talus qui l'encaissent et qu'il faudrait fixer par des plantations de tamarix.

L'oasis de Ghélifia, au sud-ouest de la précédente, est très fertile et très pittoresque. La source prend naissance entre deux monticules de sable et s'étale en un bassin où croissent d'énormes roseaux. Les palmiers, tout autour de la source, sont irrigués et remarquablement vigoureux. La pointe sud, qui ne reçoit pas l'eau, n'est peuplée que d'oliviers, dont on récolte actuellement le fruit. Il semble possible d'étendre à toute l'oasis le bénéfice de l'irrigation et d'augmenter ainsi beaucoup sa production. Elle est menacée d'ailleurs, sur sa lisière est, par une crête sablonneuse et mobile. En outre, la source se comble fréquemment par les éboulements continuels du sable des talus sous les pieds des hommes et des bestiaux. Quelques travaux de défense seraient utiles pour protéger cette intéressante petite oasis.

Je laisse sur ma gauche d'autres petits bouquets de palmiers sans importance, Kelmaouni, Langouia, Famili; sur ma droite, Blidet; et j'arrive à Darguich, dont il ne reste qu'une source à moitié tarie et quelques touffes de palmiers sur une butte assez élevée, où croissent le tamarix et le *retem;* puis, marchant toujours au sud, je traverse, sur 4 kilomètres, la pointe sud-est du chott El-Djérid, qui n'offre, en cet endroit, qu'une vaste étendue de sable complètement blanc et mobile, sans aucune trace de végétation, et découpée en une succession de vallées et de dunes dirigées de l'est à l'ouest, avec pentes douces au nord et pentes raides au sud. Les vents dangereux, qui poussent les dunes en avant, sont donc ici ceux du nord.

Il est deux heures de l'après-midi lorsque j'arrive à Zarzine, où je retrouve mon compagnon de voyage, qui m'y avait précédé, venant de Douz, n'ayant relevé sur son passage que quelques oasis d'intérêt secondaire. Pendant les préparatifs du campement, nous visitons l'oasis de Zarzine, qui est dans le plus déplorable état. Elle a la forme d'une ellipse très allongée, dont le grand axe serait dirigé de l'est à l'ouest. Le village en occupe l'extrémité ouest. La source, à la pointe nord du petit axe, est recueillie dans une large cuvette, d'où s'écoule une eau abondante, fraîche et de bonne qualité. La terre est très fertile et produit tous les fruits et toutes les cultures. Malheureusement, par sa situation sur une pointe de terre pénétrant dans le chott, qui l'enveloppe de trois côtés, au nord, à l'ouest et au sud, elle sert de réceptacle aux sables, que les vents lui apportent de quelque point qu'ils soufflent. L'oasis de Zarzine est, en effet, profondément envahie de trois côtés, et de vastes dunes blanches, dont la hauteur atteint jusqu'à 15 mètres et la largeur jusqu'à 300 mètres, forment tout autour d'elle une ceinture mouvante, qui menace fatalement de l'engloutir. La partie nord, la source et le village, sont particulièrement menacés. Ce dernier, sur certains points, est complètement recouvert et commence à être abandonné. Cette situation est, en résumé, la plus grave que nous ayons encore rencontrée; il reste à peine 15 hectares en culture; autant est sous le sable, et la grande ceinture des dunes blanches autour de l'oasis ne mesure pas moins de 25 hectares. Il y a donc en tout 40 hectares de dunes s'avançant sur le petit noyau central encore intact.

A l'exception d'une petite graminée du genre avoine, que les Arabes appellent *manjour*, on ne rencontre dans ce sable fin et mouvant aucune plante herbacée spéciale paraissant apte à le fixer naturellement; par contre, le tamarix semble ici plus qu'ailleurs l'essence protectrice par excellence; on le voit croître avec vigueur sur les flancs et jusque sur les sommets de quelques hautes dunes, qu'il a fixées spontanément. On pourra lui adjoindre le *retem*, qui forme, dans le voisinage, des arbrisseaux de 3 mètres. Enfin le *drin*, le *diss du Sahara*, l'*alfa* et le *cbeït*, pourront être tentés avec succès pour le gazonnement dans les conditions précédemment expliquées. Nous évaluons à 8000 francs la dépense première des travaux.

La journée du 1er avril a été belle et particulièrement chaude. Aussi n'est-ce pas sans un vif plaisir que nous trouvons au retour nos tentes dressées dans une rampe bien abritée, à l'ombre de hauts palmiers en partie ensablés et au bord d'un ruisseau d'eau fraîche. Un mouton entier, embroché dans une branche de palmier, est exposé devant une flamme claire et répand une odeur appétissante. Bientôt l'animal est à point et deux Arabes nous apportent triomphalement le *méchoui* national. Pour lui faire tout l'honneur qu'il mérite, nous essayons, comme le veut l'usage, d'en tirer avec nos doigts les morceaux que nous nous destinons; mais, soit faute d'habitude, soit tout autre sentiment, nous revenons promptement à l'usage peut-être moins primitif, mais à coup sûr plus commode et plus propre, de la fourchette et du couteau. Le méchoui d'ailleurs était fort bon, et notre personnel, gardes et chameliers, fut certainement de notre avis; car, à peine le rôti eutil disparu de notre table, qu'un cercle se forma autour de ses débris encore fort respectables, et qu'en moins de temps qu'il n'en faut pour l'écrire, il n'en resta que les os, sur lesquels un Arabe lui-même n'eût plus rien trouvé à glaner.

La soirée qui suivit cette débauche culinaire fut splendide. Nous restâmes longtemps à causer, assis sur le sable, sous le dôme des palmiers, qui laissaient filtrer, à travers leur sombre voûte, des rayons argentés, et diapraient le sol de taches blanches et lumineuses. L'air était tiède et la nuit calme et embaumée des senteurs de l'oasis. C'est une des plus belles soirées dont j'aie gardé le souvenir.

CHAPITRE IX

SUITE DU PAYS DES NEFZAOUA. — L'ARCHIPEL DES OASIS LE LONG DU CHOTT EL-DJÉRID : GUETTAIA. — TEIFUT, TEMBAR ET TEMBIB. — LES GOURS. — NEGGA ET OUM-SEMA. — BOU-ABDALLAH AU PIED DU DJÉBEL ZAOUIA. — COMPOSITION GÉOLOGIQUE DU SOL ET RECHERCHE DES SOURCES. — EL-GOLÉAH ; FABRICATION SIMPLE DU PLATRE. — EL-ZIRA ET MENCHIA. — LES OASIS ENSABLÉES DE EL'AHART, ZOUED-EL-AANÈS, BECHRI, FETNASSA ET DEBABCHA. — LES SABLES DES CHOTTS.

Au sud de Zarzine, les oasis se réduisent à des bouquets de palmiers épars à de grandes distances au milieu du désert. Nous n'avions pas à pousser plus avant dans cette direction, et, le 2 avril, à six heures du matin, nous nous mettions en route pour remonter vers le nord, dans la direction d'Oum-Sema.

Pendant deux heures, nous longeons ou traversons la pointe est du chott; à 16 kilomètres de notre point de départ, nous visitons la petite oasis de Guettaia. Le village est bâti sur une butte, au pied de laquelle s'étendent les jardins. La source jaillit au fond d'un ravin abrupt et sinueux, dont les flancs, formés de sable calcaire concrétionné, paraissent résister à la désagrégation. Des monticules de même structure, autour desquels circule capricieusement le ruisseau, donnent à ces jardins un aspect très pittoresque. A l'ouest, on y constate quelques ensablements venant du chott.

Tout autour de Guettaia, et dans une situation analogue, sont les petites oasis de Ebenes, Dechera, Mebouda, Marmona, Ed-Koudy, Touzaline, Ziret-Mansour, que le voisinage du chott tend à ensabler plus ou moins, et qui nécessitent des travaux de défense. Remontant toujours au nord, nous visitons successivement Zira-oued-Aïssa, où la source abondante sort entre deux monticules formés de sable et de cailloux et pierres calcaires. Teïfut, dans une situation analogue. Tembar et Tembib, une seule oasis avec deux villages distincts. La source, au bord de laquelle nous déjeunons, est abondante et coule toute l'année. Son eau, fraîche et agréable, passe d'ailleurs pour la meilleure du pays.

Tout autour se groupent de nombreuses oasis, véritable archipel dans une mer de sable. Toutes présentent à distance le même aspect : un petit village sur une hauteur et une tache de verdure au pied ; toutes sont plus ou moins envahies par le sable. Je me borne à citer : El-Hafira, pas d'eau, fortement ensablée ; Em-Selim, eau mauvaise, sable au sud ; Djiret-el-Hammoun, source faible, sable au sud ; Oum-Relif et El-Fretissa, comme la précédente ; Cheraf, Ez-Zaouia, peu d'eau, sable au sud ; Choucha, eau mauvaise, non ensablée. Ziro-Zaïda et Dir-el-Soltan, dans les mêmes conditions.

Marchant ensuite vers le nord-est, en longeant toujours le chott El-Djérid, nous rencontrons une butte de 25 mètres d'élévation, isolée au milieu de la plaine. Elle paraît formée de calcaires recouverts de sables marneux bleuâtres. Une source jaillit au sommet, où croît une épaisse végétation de tamarix, *retem*, *zeita*, *guethef*, au milieu desquels s'élancent plusieurs énormes touffes de palmiers vigoureux, dont l'une porte quatorze tiges et ne mesure pas moins de 20 mètres de circonférence. De jeunes plants de palmiers (*gharsa*) poussent tout autour de la touffe, au milieu de ses racines entrelacées, à 2 mètres au-dessus du niveau actuel du sol. C'est un phénomène de végétation des plus curieux. Cette butte, isolée au milieu de la plaine, représente les débris d'une ancienne montagne, qui, à la suite du déboisement, s'est désagrégée peu à peu sous l'action de la pluie et du vent, et finira par disparaître elle-même sous les mêmes causes. C'est ce qu'on nomme en arabe un *gour*. Du sommet, qui est le point culminant de la contrée, la vue embrasse un immense panorama : au nord, toute la chaîne faisant suite au Djébel *Tebaga* et s'abaissant entre les deux chotts El-Djérid et El-Fedjedj ; à l'ouest, l'immensité nue et brillante du chott El-Djérid ; aux autres aspects, le pays des Nefzaoua, avec son sol blanc moucheté des taches sombres d'oasis. Çà et là, tout autour, quelques gours se dressent au-dessus de la plaine, moins élevés que le nôtre, complètement dénudés et en voie de désagrégation.

Après avoir visité au passage le bourg à moitié en ruine de Negga et son oasis abandonnée par les dissidents depuis l'occupation française, nous arrivons, à quatre heures et demie du soir, à Oum-Sema, après une étape de 30 kilomètres.

La journée a été belle, malgré un vent d'est assez violent, qui, vers le soir, tourne au sud-ouest et nous amène pour la nuit une forte pluie.

Oum-Sema est un gros bourg en grande partie en ruine, situé sur le sommet et les flancs de la grande chaîne fortement surbaissée. Il est bâti sur la calotte de calcaire saccharoïde qui la couronne, ce qui donne à ses rues un relief montueux et abrupt, que nos chevaux franchissent difficilement. Les sources d'Oum-Sema sourdent au pied du bourg, au-dessous d'un banc de sable de 6 à 7 mètres de profondeur, reposant sur une couche calcaire, qui doit être le prolongement de celle de la crête. Nos tentes sont installées non loin de là au milieu d'une forêt de superbes palmiers, dans des jardins abandonnés. L'oasis est grande et fort belle, bien qu'ensablée sur divers points, tant à l'extérieur par des apports de sable, qu'à l'intérieur, par le défaut de culture.

Oum-Sema est un point central duquel nous rayonnons pour visiter les nombreuses oasis qui s'échelonnent à l'est et à l'ouest tout le long de la chaîne.

Le 3 avril, par un fort vent du sud-ouest avec pluie

intermittente, nous nous dirigeons vers l'est pour reconnaître successivement les importantes oasis de Bou-Abdallah, El-Goléah, Ez-Zira et Menchia.

Bou-Abdallah, grande et belle oasis, analogue à celle d'Oum-Sema, à l'est de laquelle elle est située, sur une pente sud des derniers contreforts de la chaîne. La source qui l'alimente sort au pied du Djébel *Zaouia*, dans une anfractuosité de rochers dont la structure est ainsi composée de bas en haut : banc de marne de $0^m,60$, surmonté d'un banc de calcaire compacte de $1^m,20$; étage de sable argileux avec fragments calcaires sur 2 mètres d'épaisseur; puis, recouvrant le tout, une couche de sable de transport provenant des chotts, de 5 à 6 mètres d'épaisseur. Le débit de cette source est faible et ne permet l'arrosage que d'une partie des jardins. Les essais tentés pour en trouver de nouvelles n'ont point abouti jusqu'ici. Les habitants, en effet, mal outillés d'ailleurs pour ce genre de travail, se sont bornés à creuser jusqu'au sable argileux contenant des débris calcaires, sans attaquer la couche compacte sous-jacente, qui repose directement sur la marne servant de lit à la nappe d'eau. Convaincus, par l'examen attentif des couches, que les points où a été tentée la recherche de l'eau ont la même structure géologique que ceux où sourd la source actuelle, et ne doutant point qu'en approfondissant de 2 à 3 mètres les excavations abandonnées on retrouvât la même nappe d'eau, nous engageons vivement la population qui nous entoure à reprendre séance tenante les travaux de creusement, promettant de revenir le lendemain en examiner le résultat. On se mit en effet à creuser avec ardeur; mais grande fut notre déception en constatant à notre retour que les bons nègres, au lieu de continuer la forage commencé, avaient perdu leur temps à approfondir la source actuelle, qui ne réclamait aucun travail de cette nature. La question, à notre départ, était donc pendante. J'aime à penser qu'elle aura été depuis résolue à l'avantage de l'oasis, dont une partie d'ailleurs n'est point irriguée et où des ensablements provenant du défaut de culture tendent à se produire à l'intérieur et sur la lisière nord.

El-Goléah, à l'est de la précédente. Le village est situé de la façon la plus pittoresque, sur le versant sud et jusqu'au sommet d'un des pics de la chaîne. L'oasis s'allonge à ses pieds en pente avec gradins successifs au sud. La source prend naissance près du village, à l'affleurement des couches marneuses et calcaires, et fournit une eau fraîche et abondante. L'oasis est fertile et en général bien cultivée. Il n'y a d'ensablements que sur la lisière sud, où certains jardins ont été clos et bien défendus jusqu'ici par des branchages de palmiers et des plantations de tamarix. Les jardins non clos sont envahis.

Nous constatons sur cette lisière la manière aussi simple que primitive dont les indigènes se procurent le plâtre. Ils creusent dans le sable un trou de 1 mètre au moins de profondeur, qu'ils remplissent de branches sèches auxquelles ils mettent le feu. Quand celui-ci est éteint, ils retirent du trou un sable blanc, très fin, qui est du plâtre presque pur.

El-Zira, à l'est d'El-Goléah, et en tout semblable. Le village est sur le versant sud de la chaîne, sur un mamelon calcaire au pied duquel jaillit la source. On y trouve de beaux oliviers. Forts ensablements au nord et au sud-est.

Menchia, vaste et belle oasis au nord de la précédente et sur le versant nord de la chaîne, s'allongeant de l'est à l'ouest. Le village est construit à la lisière sud, au pied d'une montagne calcaire conique qui l'abrite et d'où la source sort très en contre-bas. Elle sillonne tout le bourg pour arriver aux jardins dans de profondes tranchées ou *séguias*, qu'on traverse sur de petits ponts en terre ou en troncs de palmier d'une solidité douteuse. Au fond de ces ravins grouille toute une population d'enfants peu vêtus et de femmes habillées d'étoffes bleues, surchargées de colliers, de bracelets et de longues boucles d'oreilles. Tout ce monde fuit à notre approche comme un troupeau de chèvres. Le site de cette petite bourgade est des plus pittoresques. L'oasis de Menchia est attaquée par le sable, quoique faiblement jusqu'ici, sur quelques points, principalement à la hauteur des cols de la chaîne, où le vent souffle avec le plus de violence et facilite la désagrégation du sol et le transport du sable.

La journée du 4 avril a été employée à visiter les dernières oasis qui nous restent à étudier dans les Nefzaoua. Elles s'étendent à l'ouest d'Oum-Sema jusqu'à l'extrémité de la pointe de terre qui s'avance entre les deux chotts El-Fedjed et El-Djérid. La chaîne de montagnes est ici tellement surbaissée qu'elle n'offre plus

JEUNES BÉDOUINES DU SUD.

par places que de petits mamelons isolés sur la surface du plateau. Ces oasis sont, en marchant de l'est à l'ouest : El-Ahart, Zoued-el-Aanes, Bechri, Fetnassa et Debabcha. Elles présentent une grande analogie avec les dernières que nous avons étudiées; mais, par suite du rapprochement des chotts qui les enserrent au sud et au nord, les ensablements y sont plus fréquents et plus menaçants. La situation de Bechri et de Debabcha est sous ce rapport des plus mauvaises. Cette dernière surtout, par sa position à l'extrême pointe de terre entre les chotts, rappelle celle de Zarzine. Toutes nécessitent d'importants travaux de défense et de protection.

Nous rentrâmes au camp à cinq heures, après avoir fait connaissance avec le siroco, vent violent du sud, qui souffla avec rage toute la journée, soulevant autour de nous des tourbillons de sable qui nous cinglaient le visage et nous aveuglaient.

En arrivant, nous eûmes la satisfaction de constater que maître Jouve avait transporté ses fourneaux entre les quatre murs d'une masure en ruine, où du moins il put abriter contre le sable sa personne et ses préparations culinaires. Nos conserves d'ailleurs continuaient à faire le fond de nos menus. Les poules et les œufs ne manquaient pas dans le pays, mais le pain que nous avions emporté de Gabès commençait, après huit jours, à devenir très dur. Nous avions donc grande hâte de quitter ce pays fiévreux et malsain et d'arriver à Touzer, où nous devions nous ravitailler.

Le 5 avril au matin, nous quittâmes Oum-Sema et les Nefzaoua, nous dirigeant au nord, vers le chott El-Fedjedj.

CHAPITRE X

Dernier coup d'œil sur le pays des Nefzaoua. — Causes du déboisement et de l'extinction des sources. — Dégénération graduelle de ces contrées.

Outre les oasis que j'ai visitées ou relevées au passage dans les Nefzaoua, il en existe environ trois cents autres généralement moins importantes, se réduisant quelquefois à un bouquet de palmiers, mais qui ne sont que les débris d'anciennes oasis plus vastes. Si l'on admet, ce qui est évident, que l'étendue cultivée va toujours en diminuant, on doit forcément en conclure qu'à une période éloignée de nous, toutes ces oasis devaient se réunir et couvrir le pays d'une vaste forêt. Par suite de causes multiples, ces forêts ont graduellement disparu; les précipitations atmosphériques ont diminué, les sources se sont taries, et le sol découvert s'est transformé en un désert stérile où n'ont subsisté que quelques débris de son ancienne végétation.

M. Largeau, dans son *Voyage au Sahara algérien* (1), recherche les causes qui ont pu transformer des contrées jadis arrosées par de grands fleuves en un désert si nu et si aride. « Assurément, dit-il, la décadence de ce pays tient à la disparition des eaux qui l'arrosaient autrefois; mais quelle cause a donc fait disparaître ces eaux?... Comment ces grandes rivières, mères d'humidité, réservoirs de fraîcheur, sources de végétation, se sont-elles desséchées? J'attribue ce dessèchement au déboisement, et ce déboisement, j'en trouve la principale cause dans les luttes sanglantes des nomades pasteurs de différentes races qui, venant du nord et du nord-est, ont envahi le Sahara, détruisant et refoulant devant eux leurs prédécesseurs.

« Ainsi les Berbères, débouchant par les gorges de l'Atlas, chassèrent comme des bêtes fauves, dans la plus grande partie du Sahara septentrional, les peuples de race noire dont descendent les Rouarha, non seulement pour s'emparer de leurs terres, mais encore pour les vendre comme esclaves sur les marchés du nord, tout comme font aujourd'hui encore les Arabes dans l'Afrique équatoriale, après avoir massacré les adultes des deux sexes trop âgés pour se plier facilement au joug de l'esclavage. Et c'est ainsi que ces mêmes Berbères, refoulés à leur tour par d'autres conquérants dont les Arabes hhilaliens sont les derniers, se répandirent dans toutes les parties du grand désert, où nous

(1) *Le Sahara algérien, les déserts de l'Erg*, par V. Largeau. — Paris, 1881.

les voyons aujourd'hui errants sous le nom de *Touareg*. Un très petit nombre seulement parvint à se maintenir dans les oasis du nord, où ils s'adonnent maintenant au commerce ; tels les *Beni-Mzab* et les *Rhadamésiens*.

« Toutes ces transmigrations, toutes ces substitutions de races n'ont pu se faire sans résistances, sans des luttes sanglantes, sans d'immenses massacres ; et, dans un pays où les pluies étaient déjà probablement rares, où peut-être la terre ne produisait que par arrosement artificiel, le massacre ou le départ de la population agricole dut nécessairement entraîner la ruine complète du sol.

« En admettant que ces guerres n'eussent pas entièrement déboisé le pays, les pasteurs firent le reste. Les troupeaux sont la richesse des nomades ; mais à ces troupeaux il faut des prairies et non pas des forêts, qui ont, par ailleurs, l'inconvénient de servir de repaire aux fauves. Les plaines boisées et les forêts ne pouvaient trouver grâce devant ces peuples nomades et le feu a dépouillé ces plaines, détruit ces forêts. Chose frappante : les contrées parcourues de nos jours par les pasteurs, notamment par les pasteurs arabes, présentent le même aspect d'aridité, de désolation ; et cependant il est prouvé que la plupart de ces contrées furent, en leur temps, d'une fertilité merveilleuse.

« Le Sahara ayant donc été déboisé, les pluies sont devenues encore plus rares, et la couche d'argile, balayée par les vents, a laissé à nu une carapace sédimentaire à travers laquelle les eaux des sources et des pluies s'infiltrent pour former ces rivières souterraines que les puisatiers de l'Oued-Rhir ramènent à la surface pour l'irrigation de leurs oasis. Il n'est pas du reste besoin d'aller en Afrique pour étudier ce phénomène. Il se produit en petit dans plusieurs parties de la France, où il a aussi pour cause le déboisement des montagnes, et dans nombre de pays on a pu constater par la sonde l'existence de véritables rivières souterraines. En cherchant bien sur les côtes, on trouverait peut-être le point où ces rivières aboutissent à la mer.

« L'Algérie, on n'en peut douter, était menacée de la même destruction que le Sahara. Malgré la grande surveillance et les peines sévères, ne voit-on pas chaque année encore les Arabes incendier les forêts? C'est qu'ils sont avant tout pasteurs, nés tels, et ce genre de vie convient admirablement à leur nonchalance habituelle et à la simplicité de leurs goûts. Ils ne deviendront agriculteurs que par la force des choses, lorsqu'ils seront dispersés, isolés, serrés dans les réseaux de la colonisation.

« Tout homme qui a visité le massif de l'Aurès dans le sud de la province de Constantine, a été frappé de l'aspect de désolation qu'offre la vallée menant de Biskra à El-Kanntara; pas un arbre n'y pousse, tandis que les vallées parallèles sont verdoyantes, avec champs et forêts.

« C'est que ce val était le passage ordinaire des nomades entre Tell et Sahara, tandis que les autres vallées, défendues par leurs berbères, n'ont jamais subi le joug des Arabes hhilaliens. »

Je n'ai pu résister au désir d'emprunter *in extenso* ce passage à l'ouvrage de M. Largeau, parce qu'il s'applique à tout le pays que nous venons de parcourir qui fait suite au nord au Sahara. Là aussi, au sud des chotts tunisiens, nous retrouvons les deux peuples berbère et arabe; là aussi, nous retrouvons les lits à sec de nombreux oueds qui devaient prendre leur source dans la grande chaîne du Tebaga et dont les eaux sont aujourd'hui disparues sous les sables; là aussi, on retrouverait ces nappes d'eau souterraines que des puits artésiens feraient jaillir au niveau du sol, comme celui qui vient d'être creusé près de Gabès à 85 mètres de profondeur par la mission du commandant Landas, successeur du lieutenant-colonel Roudaire dans les études relatives à la mer intérieure. Là aussi, enfin, nous voyons les débris des anciennes oasis se réduire et se perdre de jour en jour sous l'influence de l'émigration des populations, du défaut de culture, de l'abus du pâturage, de la raréfaction de l'eau et de l'envahissement progressif des sables. Si l'on ne tente rien pour arrêter cette dégénération graduelle, ces restes de végétation disparaîtront à leur tour et le désert s'étendra jusqu'aux chotts tunisiens.

CHAPITRE XI

D'OUM-SEMA A EL-OUDIAN. — TRAVERSÉE DU CHOTT EL-FED-JEDJ. — LA GRANDE CHAINE DU DJÉBEL AMIN-EL-AIOUN, ZITOUN, KÉBIRITI ET TARFAOUI. — RELIEF ET SÉCHERESSE DE LA RÉGION. — CHASSE SUR LES RIVES DU CHOTT. — LA GRANDE OUTARDE. — CAMPEMENT SUR LES BORDS DE L'OUED-ZITOUN. — ARRIVÉE AU DJÉRID. — LA GRANDE OASIS D'EL-OUDIAN. — SES QUARANTE-CINQ SOURCES. — DANGERS D'ENSABLEMENT.

OUR gagner Touzer par la voie la plus courte, notre itinéraire eût été de nous diriger en ligne droite à l'ouest, la distance d'Oum-Sema à Touzer n'étant à vol d'oiseau que de 67 kilomètres, dont 54 pour la traversée du chott. En adoptant cette voie, il nous eût fallu franchir la distance en une seule étape, vu l'impossibilité et peut-être le danger de camper au milieu du chott; et si, en bon sol, nos chevaux eussent pu à la rigueur fournir cette course, il n'en eût pas été de même pour le convoi; le chott, en effet, devait avoir été détrempé par les dernières pluies et il n'était pas bien sûr qu'on pût s'y risquer. La mince croûte solide qui le recouvre par places pouvait céder

sous le poids des chameaux, ou sa surface glissante retarder beaucoup leur marche. La prudence nous prescrivait donc de passer le chott dans sa partie la plus étroite, c'est-à-dire en remontant d'Oum-Sema directement vers le nord, où sa largeur n'est que de 23 kilomètres.

Au surplus, le 3 avril, nous avions envoyé dès le matin un Arabe en éclaireur, chargé d'aller reconnaître l'état du sol et de nous en rendre compte. En effet, l'Arabe revenait le lendemain nous affirmer que le passage ne présentait aucun danger. Ses pieds et le bas de ses jambes maculés de boue témoignaient de la fidélité avec laquelle il avait rempli sa mission. Heureusement qu'on trouve encore, même chez les noirs, pourtant fort coutumiers du mensonge, des gens qui respectent la vérité. Un de nos gardes ne tarda pas à apprendre que notre éclaireur était resté parfaitement tranquille dans sa maison et que la boue de ses jambes avait été empruntée au ruisseau voisin. Le fait était grave; la fourberie pouvait nous coûter cher. Deux gardes allèrent de suite quérir à domicile notre imposteur et, après une réprimande des plus énergiques, ordre lui fut intimé de partir sans délai pour explorer le passage. Le garde Mohamed-el-Ouarghi dut l'accompagner jusqu'à l'extrémité nord du chott et s'assurer que cette fois la mission serait scrupuleusement remplie. Enfin, pour que le châtiment du menteur fût exemplaire, nous le condamnâmes à nous accompagner le lendemain et à nous servir de guide jusqu'à Touzer. Cette punition sans doute n'était pas très dure, car il s'exécuta de bonne grâce et nous nous quittâmes à Touzer les meilleurs amis du monde.

Le 5 avril, jour de Pâques, à six heures du matin, nous entrions dans le chott El-Fedjedj. Nous trouvons au début un sol sablonneux parsemé de petits mamelons amoncelés aux pieds d'arbustes épineux; puis le sable fait place à un sol dur et uni, couvert d'efflorescences salines blanches et brillantes au soleil; aucune trace de végétation ne se montre au loin sur cet immense tapis de neige.

Devant nous se profile à l'horizon la haute chaîne qui limite au nord la vallée des chotts. A mesure que nous avançons, ses reliefs abrupts, ses flancs à pic et déchirés se dessinent. Ce sont les djébel *Oued-Makta*, *Amin-el-Aioun*, *Zitoun*, *Kebiriti* et *Tarfaoui*, qui courent de l'est à l'ouest parallèlement à la chaîne du Tebaga et vont mourir à la hauteur d'El-Hamma, sur les premières pentes du chott Rharsa. A onze heures, nous avions franchi le chott sans incident et nous entrions dans la plaine sablonneuse qui s'étend jusqu'à la montagne, en face du Djébel *Amin-el-Aioun*.

Nous faisons halte à l'abri fort insuffisant de quelques tamarix près d'une petite source dont l'eau, sans être fraîche, est cependant potable, puis nous reprenons notre marche en nous dirigeant vers le Djébel *Zitoun*, au pied duquel nous devons camper.

La chaîne nous apparaît alors dans toute sa sauvage beauté. Ce sont des crêtes dénudées couronnant des murailles verticales de plusieurs centaines de mètres de hauteur, aux flancs brun rouge entrecoupés de marnes verdâtres. C'est un spectale grandiose, mais d'une désolante aridité. Le bas de la chaîne est encombré d'immenses blocs calcaires qui se sont détachés de la montagne et forment une petite chaîne latérale escarpée et entrecoupée de ravins dont quelques-uns renferment un mince filet d'eau qui va se perdre sous le sable de la plaine.

Le pays que nous traversons est couvert d'une végétation arbustive assez vigoureuse. On y trouve en grosses touffes : le *metenam*, le *gedham*, le *sedra* ; puis le *retem*, le tamarix, le *zeita* et le *guethef*. Quelques taches où croît une belle herbe verte dénotent un sous-sol frais. Le sol est sablonneux, entremêlé de pierrailles et souvent de débris calcaires assez volumineux pour rendre la marche pénible aux chevaux. Ce sol n'est certainement pas infertile, mais l'eau manque partout et tous les oueds que nous traversons sont à sec.

Le gibier commence à se montrer en abondance et notre chasseur fait sa première capture sérieuse en nous apportant encore en vie un jeune mâle adulte de grande outarde au superbe plumage roux jaunâtre, porteur, sur la tête et le long du cou, de belles aigrettes de plumes noires. Ali s'empresse d'achever le pauvre animal. Tourné vers l'orient, il lui coupe la gorge en prononçant les paroles sacramentelles. De cette façon, chrétiens et musulmans pourront prendre leur part de cet excellent gibier.

Nous levons ensuite plusieurs lièvres, des perdrix, et enfin quelques gracieuses gazelles qui disparaissent au loin comme des ombres. Cette vue fait battre nos cœurs ; un forestier est toujours plus ou moins doublé d'un chasseur. Nous sommes tous au galop dans la plaine, mais les gazelles vont plus vite que nous. Quant au menu gibier, nous lui envoyons sans succès notre plomb ; l'allure à laquelle nous sommes ne favorise nullement la précision du tir.

A cinq heures du soir, nous faisons halte sur un petit tertre et nous interrogeons l'horizon sur nos derrières, fort étonnés de n'y pas apercevoir la moindre silhouette de notre convoi. Nous nous décidons à l'attendre, et pendant ce temps, comme nous sommes dévorés de soif, nous envoyons le guide nous chercher, dans une peau de bouc, un peu d'eau au pied de la montagne. Celle qu'il nous rapporte est si salée que nous ne pouvons même y tremper nos lèvres. Pour comble de malheur, il nous déclare que nous avons de beaucoup dépassé l'Oued-Zitoun, lieu fixé pour le campement, où nous attend sans doute notre convoi. Notre ardeur cynégétique nous avait entraînés à 6 ou 8 kilomètres trop loin. Il nous faut remonter piteusement à cheval et revenir en maugréant en arrière, jurant, mais un peu tard, d'être plus prudents à l'avenir.

Il était huit heures du soir quand nous arrivâmes au camp. Nous le trouvâmes installé dans un site splendide, au pied de la haute montagne appelée le Djébel *Zitoun*, au fond d'une gorge rocheuse où coule sur un lit de sable une eau claire, fraîche et délicieuse. Nous avions fait depuis Oum-Sema 43 kilomètres, mais avec notre exploit de chasse, il fallait évaluer la journée à 60 au moins. Nous avions donc grand besoin d'un bon dîner et d'un bon lit. Nous trouvâmes à la vérité l'un et l'autre, mais nous eûmes une surprise désagréable : notre cuisinier avait la veille cassé six assiettes sur les huit qui composaient notre vaisselle et il en restait tout juste une plate et une creuse. Heureusement que nous approchions de Touzer.

Le lendemain matin, 6 avril, nous quittons à regret notre campement. Que n'avions-nous quelques jours à passer dans ce ravin des plus pittoresques, près de cette eau exquise et dans cette plaine où pullule un gibier que nous avions à peine entrevu ! Mais le temps nous presse, la saison des chaleurs approche, et nous sommes encore loin du terme de notre voyage. Quarante et un kilomètres nous séparent de l'oasis d'El-Oudian, où nous devons aller camper le soir. Nous continuons notre marche vers l'ouest, au pied des Djébel *Kébiriti* et *Tarfaoui* qui, tout en s'abaissant, conservent leur aspect sauvage et désolé. Comme la veille, la plaine abonde en gibier, et des troupes de douze à quinze gazelles se dérobent au loin. Nous abandonnons à Khiari le soin de leur donner la chasse, mais pas une ne passe à portée de la balle qui lui est destinée, ce qui semble bien dur au vieux nemrod.

Enfin une bande noire se dessine vers l'ouest à l'horizon. Peu à peu elle approche et les panaches des palmiers commencent à se profiler sur le ciel. C'est l'oasis d'El-Oudian, une des plus grandes et des plus belles du Djérid. Nous l'atteignons à quatre heures du soir.

Pendant qu'on dresse les tentes sur la lisière, à l'ombre des palmiers, les cheiks des différents bourgs nous apportent des dattes et des oranges auxquelles nous faisons honneur, car la journée a été très chaude. Les oranges sont d'une grosseur remarquable et exquises; quant aux dattes, c'est une rareté; elles ont manqué en 1884 dans tout le sud, par suite des pluies abondantes tombées juste au moment de la maturité et qui ont fait pourrir le fruit sur l'arbre. L'absence totale de cette récolte s'est fait vivement sentir chez ces populations qui se nourrissent en grande partie de dattes et en font en outre l'objet d'un important commerce. Il va sans dire qu'il leur a fallu quand même payer l'impôt.

Le lendemain matin 7 avril, nous visitons en détail l'oasis d'El-Oudian. Cette oasis, d'une étendue évaluée à plus de 900 hectares, s'allonge du nord-est au sud-ouest au pied du Djébel *Droumès*, dernière ramification de la grande chaîne qui l'abrite contre les vents du nord; quarante-cinq sources sourdent de la montagne au fond de profondes excavations à pentes raides et sablonneuses et arrosent les jardins. Les éboulements continuels du sable des talus tendent à combler ces sources dont quelques-unes ont déjà disparu. Quatre villages se partagent la culture des jardins d'El-Oudian, ce sont ceux de Kriz, Seddada, Degach et Guebba, d'une population totale de

3 à 4 000 âmes. La végétation des palmiers, des oliviers et de nombreux fruitiers y atteint tout son développement ainsi que celle de l'orge, de la luzerne et de nombreuses variétés de légumes qu'on cultive sous leur couvert.

Limitée au sud et à l'ouest par des marécages, l'oasis d'El-Oudian ne présente d'ensablement que sur un point au sud, et à l'est sur Seddada, et encore le sable semble-t-il provenir moins d'un apport extérieur que d'un défaut de culture. Cette partie de l'oasis est en effet négligée depuis la disparition des sources qui l'alimentaient. Le sol commence à y être mobile et, le pâturage aidant, il est à craindre qu'il ne s'y forme un foyer d'ensablement qui pourrait devenir dangereux.

Le remède le plus efficace consisterait à y ramener l'eau et à remettre les terres en culture. Le sable qui ne s'est pas encore accumulé en dunes redeviendrait fertile et se fixerait facilement. Une zone de protection mise à l'abri du bétail assurerait le gazonnement complet à l'extérieur et à l'intérieur. Enfin il y aurait lieu, pour protéger les sources, de les comprendre également dans une zone clôturée et de la planter de tamarix, et principalement les versants des ravins. La dépense d'installation de ces travaux de défense et de protection serait d'environ 7 000 francs.

CHAPITRE XII

LE DJÉRID; — SES OASIS. — LES SOURCES. — RÉPARTITION DE L'EAU. — CULTURES : LE DATTIER ; IRRIGATION, FÉCONDATION, JEUNES PLANTS, LES DATTES. — USAGES DES TIGES, DES PALMES, DES FRUITS ET DES FIBRES DU PALMIER. — L'OLIVIER : FABRICATION DE L'HUILE. — LES FRUITIERS. — LES LÉGUMES. — COMMERCE ET INDUSTRIE. — EXPLOITATIONS DIVERSES.

Le Djérid est la terre saharienne par excellence. Si la flore naturelle désertique y est des plus réduites et n'y comprend que quelques maigres espèces dans ces vastes régions de parcours des troupeaux, les oasis, par contre, s'y montrent dans toute leur idéale beauté; abritées des vents du nord par la grande chaîne des Djébel *Tarfaoui* et *Droumès* et par les hauts coteaux qui se prolongent entre Touzer et Nefta, chauffées par le soleil des tropiques, arrosées par d'abondantes sources d'eau tiède, les oasis du Djérid sont comparées avec raison à de véritables serres à ciel ouvert, d'une puissante et luxuriante végétation.

Je ne saurais mieux faire pour en donner une idée

exacte que de citer textuellement des extraits d'un travail sur le Djérid dû à M. de Fleurac, lieutenant du bureau arabe à Touzer, travail très étudié et très consciencieux, émanant d'un homme des plus compétents et des plus distingués auquel j'ai, avant tout, des remerciements à adresser pour les emprunts qu'il m'a permis de lui faire.

« La légende veut que le Djérid soit uniquement le pays des dattes, et l'on s'avise rarement de songer que le sol merveilleusement fécond de cette *perle du Sahara* convient également à quantité d'autres cultures qui y sont toutes connues depuis des siècles.

« L'eau abonde encore dans les oasis. Le débit des sources diminue chaque jour, il est vrai, dans une proportion constante; mais comme l'étendue de la partie cultivée varie aussi directement et dans les mêmes proportions, l'arrosage de ce qui subsiste est largement assuré jusqu'à l'époque, heureusement fort éloignée, où la marche du Sahara, contre laquelle on ne veut plus lutter, aura terminé son œuvre et où il n'y aura plus ni ruisseaux ni jardins.

« Les sources très nombreuses (à Touzer on en compte cent cinquante qui toutes paraissent provenir de la même nappe), d'une température de 20 à 30 degrés, se réunissent généralement avant leur entrée dans les oasis en un seul cours d'eau aussitôt divisé en grandes artères correspondant chacune à un quartier bien déterminé qu'elles irriguent de leurs innombrables ramifications (*seguia, souagia*). Il ne reste à l'homme qu'à en exécuter la diffusion dans les jardins.

« Cette opération se fait partout d'une façon à peu près identique. Les canaux principaux sont coupés de barrages (*sed-sedoud*) formés d'un tronc de palmier placé horizontalement et sur lequel sont pratiquées des encoches d'une largeur proportionnelle au nombre de parts d'eau auquel a droit tel ou tel propriétaire. De chacune de ces encoches qui peuvent être ouvertes ou fermées à volonté au moyen d'une petite levée en terre que fait ou défait, suivant les besoins, un oukil préposé à ce service, part une *seguia* minuscule : quand le moment est venu d'envoyer l'eau sur un point donné, l'*oukil* débouche l'ouverture correspondante, et le volume auquel a droit le *seniat* à arroser s'écoule ; mais ce droit n'est acquis que pour un certain nombre d'unités de temps que l'*oukil* mesure avec un appareil très ingénieux, la *gadous*, sorte de sablier à l'eau. La dernière goutte de la *gadous* épuisée, l'*oukil* bouche à nouveau l'encoche et ouvre la suivante.

« Les jardins sont en moyenne arrosés deux fois par semaine, mais la fréquence et la quantité d'eau délivrée sont variables suivant les droits acquis par les différents propriétaires. A l'origine, cette répartition a été vraisemblablement faite avec impartialité et proportionnellement à l'étendue de chaque propriété et au nombre des palmiers qui y était contenu. Les abus d'autorité, les aliénations volontaires, les confiscations des ordres religieux et de l'État, ont modifié cet état de choses et l'harmonie a été rompue.

« Les cultures principales du Djérid, les seules qui

soient pour les indigènes une source de bénéfice, sont celles du palmier dattier et de l'olivier, et encore cette dernière est-elle circonscrite à l'oasis d'El-Oudian.

« Le palmier se cultive en damier. Les jardins sont divisés en rectangles dont la terre relevée sur les bords détermine, en vue de l'irrigation, autant de petits bassins au centre ou sur les arêtes desquels, à des distances variant de 6 à 10 mètres, s'élèvent les palmiers. Ce mode de plantation, le plus ancien, tombe cependant en désuétude, et les indigènes ne paraissent plus s'assujettir à l'observation de figures géométriques très régulières dont la plus communément employée était le quinconce.

« Les palmiers sont soignés par des *khammès*, sorte de fermiers ayant droit au cinquième des produits. Leur métier est dur : indépendamment des grandes opérations de la fécondation et de la récolte, ils doivent élaguer avec soin les branches gourmandes, revêtir le pied de chaque palmier d'un parement tronconique en terre pour abriter les racines, réparer constamment les canaux et régler l'arrosage, toutes choses qui, pour être bien faites, demandent d'un bout de l'année à l'autre des soins pénibles et constants.

« La fécondation se fait artificiellement du 15 mars au 15 avril. Le *khammès* féconde successivement chaque régime femelle en y introduisant le pollen du mâle qu'il maintient le plus souvent par une ligature. Le palmier se reproduit par plants. On trouve sur les racines femelles fécondées de jeunes pousses (*gharsa*) que l'on détache avec soin et que l'on plante dans une excavation de 0ᵐ,50 quand le terrain est sec, et moindre quand le sol est humide, ce qu'il faut éviter au début. On préserve le *gharsa* de la chaleur du jour et de la fraîcheur de la nuit au moyen d'une sorte de chapeau en tiges de palmier serrées et liées à leur extrémité supérieure, de telle sorte qu'elles présentent au premier abord l'aspect d'une ruche.

« Pendant quarante jours le palmier ne doit être arrosé que de deux *glel* (cruches) par jour. Mais alors, les branches vertes commencent à apparaître au travers des interstices de l'abri et l'arrosage se fait comme pour les adultes.

« Ainsi élevé, un palmier produit à cinq ans. Ses fruits sont encore de médiocre qualité, mais ils s'améliorent graduellement, et à huit ans il est en plein rapport. Il vivra jusqu'à cent ans. Cette moyenne est rarement dépassée, bien que l'on cite à Touzer des palmiers historiques de plus de deux cents ans.

« La hauteur des palmiers est très variable, et l'on constate avec étonnement des écarts de 15 mètres entre des sujets de même espèce et plantés dans des terrains voisins. Les plus élevés ne dépassent pas 20 à 25 mètres.

« Les espèces de dattes sont fort nombreuses. On en compte deux cents. On ne connaît guère, en dehors du Sahara, que les *daglätt-ennour*, les *hourra* et les *kentichi*. D'autres, très appréciables pourtant, ne sortent pas du Djérid ; trop riches en miel et ne se desséchant qu'imparfaitement, elles ne supportent pas le transport. Il est cependant des variétés qui s'expédient sans altération et par des procédés fort imparfaits ; mais leur valeur marchande étant peu considérable, elles ne sont achetées que par les gens du Nord et les nomades, qui, pendant plusieurs mois, s'acheminent vers le Djérid en longues caravanes. C'est le *kentà*, le *badjou*, le *beer-hellou*, par exemple, que l'on transporte entassés dans les *seliss* et quelquefois dans des outres parfaitement closes (*btana*). Ce dernier procédé est souvent employé pour conserver fraîches pendant des mois entiers les dattes de première qualité que les gens riches destinent à leur consommation. Parfois aussi, mais seulement pour l'exportation, on enveloppe isolément ou deux à deux des régimes entiers de dattes choisies dans des peaux de mouton ou de petits sacs en parchemin. Elles arrivent ainsi intactes à des destinations lointaines. L'*amari*, le *gosbi*, le *gondi* sont consommés sur place. C'est à peu près le seul aliment de la majorité de la population. Les gens aisés mangent les dattes avec du lait, qui en est le condiment indiqué. Ce mets très recherché n'est pas à la portée de tous, vu l'extrême rareté des vaches et des chèvres dans le Djérid. Les dattes de qualité tout à fait inférieure, celles tombées de l'arbre sont connues sous le nom générique de *chakan* ou mieux de *skhalouett*. Elles sont utilisées pour la nourriture des animaux et spécialement des chèvres et des vaches, dont le lait contracte alors un parfum spécial. »

A ce qui précède, j'ajouterai que le palmier, non

seulement nourrit l'Arabe, mais encore est employé par lui à une foule d'usages. C'est l'arbre providentiel dans lequel rien n'est perdu : fruits, feuilles, branches, tronc, fibres de l'écorce. On dirait que la nature lui a assigné le désert pour pourvoir aux besoins de tous ses habitants.

Les Juifs du Djérid fabriquent avec les dattes fermentées puis distillées une sorte d'anisette très riche en alcool et très parfumée.

La sève du palmier, qu'on obtient en quantité abondante par la décapitation de l'arbre, produit le *lagmi* ou vin de palmier, cette liqueur fermentée, médiocre à mon avis, mais que les amateurs déclarent excellente, avec laquelle s'enivrent les Arabes et bon nombre d'Européens, et dont la fabrication prend une extension croissante au Djérid. Comme la coupe du bourgeon terminal entraîne presque toujours la mort de l'arbre, cette pratique désastreuse, portant chaque année en moyenne, d'après ce que l'on m'a affirmé, sur 2 000 à 3 000 palmiers, causerait à la culture et au Trésor un préjudice notable, et mériterait d'être assujettie à réglementation.

M. le général de la Roque m'a cependant affirmé à Gabès, qu'il était possible de rendre la vie au palmier après l'extraction du lagmi en replantant une jeune palme au sommet, ce qui permet à l'arbre de se reformer une tête. Je cite ce fait dont la haute autorité de M. le général garantit l'exactitude, mais que je n'ai pas été à même de contrôler. Le lagmi fermenté devient un vinaigre parfait.

Le choux-palmiste ou *djoumar* est le cœur ou le

bourgeon terminal d'un jeune palmier (*gharsa*); au naturel ou accommodé à la vinaigrette, c'est un mets rafraîchissant des plus délicats.

Le tronc du palmier est employé dans la construction de presque toutes les maisons arabes. On en fait aussi des barrages pour l'irrigation.

La palme plantée sur des levées en terre forme d'excellentes clôtures que les indigènes emploient, non sans succès, à se garantir contre l'envahissement des sables; avec la feuille convenablement tressée on fabrique des vases suffisamment imperméables.

Enfin, avec les fibres de l'écorce on fait des nattes, des filets de pêche, des cordes, etc.

La valeur moyenne d'un palmier est de 10 piastres (6 fr. 25). Il rapporte annuellement 2 à 3 piastres et paye 1 piastre d'impôt.

« L'olivier, très répandu autrefois dans le Djérid, n'y est plus cultivé aujourd'hui qu'à El-Oudian; cette oasis en renferme plus de 25 000. Les espèces sont multiples et peuvent se ramener à trois principales : le *zarrasi* et les *anele-ed-djemel*, qui sont les qualités tout à fait supérieures, celles que l'on conserve ordinairement pour la consommation, et les olives communes dont on fabrique l'huile qui est le principal commerce d'El-Oudian.

Malheureusement les procédés d'extraction sont des plus primitifs, et l'on gaspille sans effet une grande partie de la récolte. On opère à deux époques et suivant deux modes différents. Les olives vertes récoltées en octobre sont broyées à la *guergiba*, cylindre de pierre que les femmes font rouler sur une table de même matière ; au fur et à mesure que l'huile s'écoule les femmes la recueillent avec un petit tampon de laine ou de coton qu'elles expriment dans un vase. Cette huile mère est exquise, conservant sans excès un léger goût de fruit. Les résidus sont ensuite portés à la rivière, lavés et pressés. L'huile qui s'y trouve encore surnage, et les ouvrières la récoltent à la main ou avec une petite écope. Cette huile est encore assez bonne. La deuxième fabrication se fait à la fin de l'hiver ; on a laissé lors de la récolte d'octobre une grande partie des olives sur l'arbre. Arrivées à maturité peu de jours avant le printemps, on les jette alors sur la *macra*, moulin à meules mû par un chameau. L'huile ainsi recueillie est inférieure à celle récoltée en octobre, mais plus abondante, et conserve toujours une odeur désagréable.

« Les oliviers sont arrosés comme les palmiers, mais avec moins de libéralité. On les élague chaque année.

« Tous les arbres fruitiers connus en Europe sont, à peu d'exceptions près, réunis dans les oasis du Djérid Certains d'entre eux, comme le poirier et le pommier, dont les fruits sont mûrs en octobre et en mai, sont évidemment dégénérés ; le climat ne leur convient pas. Les abricotiers, mûrs fin de mai, les pêchers (juin et juillet) atteignent une taille gigantesque et portent des fruits d'une grosseur moyenne, mais d'une saveur exquise. Les pruniers et les amandiers sont en petit nombre ; ceux qui subsistent encore sont de belle venue, et l'on peut assurer qu'ils se multiepliraient rapidement par une culture intelligente. La vigne pousse avec vigueur dans toutes les oasis; les ceps enlacent les palmiers et les unissent les uns aux autres en guirlandes touffues des plus pittoresques ; les raisins blancs de Touzer et de Hamma sont les plus renommés; ceux de Nefta et d'El-Oudian, noirs ou plutôt violacés, sont moins bons et moins beaux. Par contre, les grenades de cette dernière oasis sont considérées, avec raison, comme de beaucoup supérieures à toutes les autres. Les figuiers comptent partout un grand nombre de variétés, dont la maturité commence en mai et se continue jusqu'en septembre (*biardi, tounsi, hammari, khzami, sidi, khelt-habi ; behsri, boudedic*, etc.). On mange des figues jusqu'à la fin de l'été. Il y a peu de bananiers dans le Djérid, où ils sont connus sous le nom de *palmiers de Pharaon ;* ils sont d'ailleurs parfaitement acclimatés et produisent des fruits excellents. Les orangers, les citronniers, les cognassiers, les limons doux, communément cultivés, sont partout en rapport. Les oranges d'El-Oudian sont les plus estimées. Il en est deux espèces différentes, qui atteignent l'une et l'autre des dimensions fabuleuses.

« A l'ombre de ces arbres si divers, dont le feuillage forme une voûte presque impénétrable aux rayons du soleil, on pourrait cultiver et l'on cultive, en effet, dans quelques seniat malheureusement trop rares, des plantes potagères de toute nature. Mais les khammès, absorbés par les soins à donner aux palmiers, récoltent uniquement, dans la majeure partie des jardins, de la luzerne et de l'orge qui n'arrivent jamais à maturité, mais qui, coupés en vert, servent à la nourriture des animaux et donnent par an jusqu'à trois ou quatre coupes très productives.

« Les légumes qui ne sont pas du pays dégénèrent très rapidement ; aussi doit-on, jusqu'à plus complète expérience, ensemencer chaque année avec des graines venues d'Europe. Ceux indigènes : les aubergines, les citrouilles, les potirons, les melons, les pastèques, les oignons, l'ail, les navets, les carottes, les choux, les fèves et les tomates, sont, ainsi que le persil et certaines épices, telles que le poivre rouge et le cumin, abondamment répandus.

« Les essais tentés par quelques indigènes avec des graines européennes ont donné des résultats positifs, permettant d'espérer que tous les légumes d'Europe réussiraient au Djérid, si l'on voulait s'astreindre à des soins nombreux, rendus indispensables par le mode d'arrosage plus que par le climat.

« Sur la lisière des oasis de Touzer, El-Oudian et El-Hamma, on cultive un peu d'orge et de blé, qui, semé à la fin de novembre ou au commencement de décembre, arrosé par dérivation et n'étant jamais abrité à l'excès, comme il le serait sous les palmiers, arrive à maturité. Si faible que soit la quantité récoltée, elle entre pour une très large part, à Touzer, dans l'alimentation.

« Il n'y a pas, à proprement parler, de cultures industrielles dans le Djérid. La garance est l'objet d'un petit commerce avec l'Algérie. Le chanvre réussirait à merveille; mais il est malheureusement interdit de le cultiver. Le coton vient également bien; mais sa culture ne peut s'étendre, faute de main-d'œuvre.

« Non compris dans l'énumération qui précède, on voit épars, dans les oasis, comme dans un jardin d'essai, des arbres d'essences diverses, rassemblés là comme par les soins d'un collectionneur intelligent; c'est encore un des restes mourants de la grandeur des Arabes, qui avaient transporté au Djérid, dans ces jardins malheureux que nous voyons encore, toutes les essences d'arbres qu'ils avaient rencontrées dans leurs courses vagabondes, les uns productifs, dont nous venons de parler, les autres d'agrément, de luxe en quelque sorte : des acacias d'espèces variées, des *jujubiers de Jéricho*, des *arbres de Judée* et une foule d'autres qu'il serait trop long d'énumérer.

« Le commerce des dattes a naturellement une importance capitale au Djérid. Toutes les petites industries locales sont en quelque sorte greffées sur ce tronc, et, quand la récolte vient à manquer, comme en 1884, tout chôme. Pas de récolte, pas de caravanes; et pas de caravanes, pas de blé, pas d'orge, pas de laine, pas de soie, pas d'écoulement pour les produits manufacturés.

« Il existe, dans chaque oasis, des nuances industrielles, comme des nuances agricoles. Dans toutes les maisons, les femmes fabriquent ces burnous (*djéridi*) si généralement estimés. Les connaisseurs méprisent ceux de Nefta et d'El-Hamma et recherchent exclusivement ceux de Touzer pour leurs qualités de service, et d'El-Oudian pour la finesse de leur tissu. On reconnaît à Nefta une supériorité incontestable pour la fabrication des tissus de soie; ses *haïks* et ses *gandouras* sont justement renommés. Ceux de Touzer, moins beaux parce qu'ils sont plus mélangés de laine, sont plus résistants. C'est là toute l'industrie du Djérid. Il convient d'y ajouter quelques tapis à longue laine, fabriqués à Touzer, et des *fréchia* blanches, rayées de soie bleue et jaune, que l'on tisse au Guitna.

« Le *Drah*, vaste carcasse de marne, recouverte d'une épaisse couche de sable, ne renferme aucune richesse minéralogique. La rareté des pluies, ainsi que l'élévation habituelle de la température dans le Djérid, sont un obstacle insurmontable au développement de toute végétation, et c'est à peine si l'on trouve quelques maigres touffes de *retem* dans les plis les plus profonds du terrain et quelques rares tamarix sur la lisière des oasis. Aussi les maisons sont-elles partout construites en briques et en troncs de palmiers; et, si des pierres de taille servent parfois d'assises, c'est que les indigènes les ont trouvées sur place, au milieu de ruines romaines à demi recouvertes de sable.

« Les murs de clôture sont généralement bâtis en briques cuites ou en *fnki*, marne très tendre quand elle est humide, mais qui durcit au soleil et que l'on extrait à la pioche en blocs de diverses dimensions. La chaux est inconnue. Le *Cherb* en fournirait en abondance; mais la difficulté de se procurer du bois pour la cuisson empêche d'en tirer parti. On trouve, dans les étages inférieurs du *Cherb*, entre autres carbonates de chaux, le marbre et l'albâtre.

« Le plâtre n'est guère employé que pour la confection des terrasses. Il provient soit du *Drah*, où l'on rencontre sur divers points d'énormes couches de sulfate de chaux presque pur, soit du chott, où il existe à l'état granuleux. Sous cette dernière forme, il est presque uniquement employé au blanchiment des burnous; on le grille simplement, pour cet usage, sur des plats en terre ou en fer.

« Le sel pourrait être l'objet d'un commerce considérable. Les indigènes s'en approvisionnent en fraude, malgré la surveillance des agents du monopole, mais ils ne l'exportent pas. Les caravanes cependant profitent de leur voyage au Djérid pour s'en procurer la quantité nécessaire à leur consommation. Les salines de Touzer sont considérées par les voyageurs comme une des merveilles du monde. Cet enthousiasme est exagéré sans doute, mais il est en partie justifié par l'aspect grandiose du paysage au milieu duquel elles sont situées. Le chemin est étroit, dangereux même; pour s'y rendre, il faut laisser derrière soi le terrain sombre et encore consistant des bords du chott et s'avancer prudemment sur une étroite chaussée, à peine indiquée par quelques traces brunes sur des efflorescences qui se pressent de plus en plus, pour s'étendre enfin comme un immense tapis de neige. C'est au milieu de cette plaine toute blanche, aveuglante par le soleil et sans cesse tourmentée par le mirage que se trouvent les salines. Les indigènes creusent dans toutes les directions des tranchées de 1^m,50 de profondeur maxima, que l'eau remplit aussitôt par infiltration, et à la surface desquelles le sel cristallise rapidement. On ne l'enlève que de nuit, pour tromper la vigilance des gardiens.

« El-Oudian et El-Hamma tirent tout leur sel de Touzer. Nefta exploite aussi des salines abondantes, mais plus dangereuses et moins curieuses que celles de Touzer. »

CHAPITRE XIII

Touzer et Nefta. — Route d'El-Oudian a Touzer. — Arrivée a Touzer. — Trop de sable. — La ville et son oasis. — Ses cent cinquante-cinq sources. — Les ensablements. — De Touzer a Nefta. — Gite et cuisine arabes. — Nefta et son oasis. — Les dunes qui l'envahissent. — Retour a Touzer. — Indication sommaire des travaux de défense a exécuter contre la marche des sables a Touzer et a Nefta.

Le 7 avril, après avoir parcouru l'oasis d'El-Oudian, nous nous dirigeons sur Touzer, qui en est distant de 18 kilomètres au sud-ouest. Une route, en terrain naturel il est vrai, créée par l'usage et ne devant rien à l'art, unit ces deux localités. Elle court en ligne directe sur le sommet d'un coteau nu et sablonneux, qui laisse à droite les derniers mamelons de la grande chaîne et s'abaisse insensiblement à gauche vers l'immense nappe argentée du chott El-Djérid; à l'horizon, les palmiers de Touzer mettent une tache sombre sur un lointain fauve chaudement éclairé.

Près de la ville, le sol est couvert de dunes très fines

que le vent chasse dans toutes les directions et accumule sur le mur d'enceinte. La muraille est en partie recouverte, et l'ennemi pénètre déjà dans la place.

Nous traversons la ville et allons installer nos tentes au sud du camp, sur un terrain nu et sablonneux, au bord de l'oasis; c'est, nous assure-t-on, le lieu de campement ordinaire des voyageurs. Bien que le poste soit en plein soleil, il faut bien nous en contenter, car à moins de nous installer dans l'oasis même, ce qui serait des plus imprudents, il n'existe autour de Touzer aucun terrain mieux abrité. Nous n'avons donc pas le choix et, comme il est midi et que notre promenade matinale nous a mis en appétit, nous faisons apprêter le déjeuner, qui s'annonce dans d'excellentes conditions, maître Jouve ayant pu se procurer à Touzer de la viande et du pain frais. Du pain frais, c'était là une grande friandise, car le nôtre, emporté de Gabès, était à son douzième jour, et Dieu sait s'il était dur! Mais nous avions compté sans le sable, ce fléau des oasis... et de la cuisine. En un clin d'œil, le vent, qui soufflait assez fort, en avait mis une nappe de plusieurs millimètres d'épaisseur sur notre table, sur notre couvert et jusque sur nos côtelettes! Il nous fallut les tremper dans l'eau pour les rendre mangeables. La position devenait critique; notre lit, nos vêtements, nos personnes même commençaient à disparaître sous cette poussière fine et grise qui n'épargnait ni nos yeux ni nos oreilles. Nous étions plongés dans de désolantes réflexions sur les phénomènes d'ensablement, quand de braves officiers, MM. le capitaine Ducouret et le lieutenant de Fleurac, vinrent nous tirer d'un séjour qui promettait d'être des plus désagréables et mettre à notre disposition un gîte que nous acceptâmes d'aussi bon cœur qu'ils nous l'offraient. En un instant, vingt spahis ont fait disparaître tente et matériel, et nous prenons possession d'une chambre dans une maison arabe, où nous sommes pour quelques jours à l'abri des éléments... et du sable, le plus insupportable de tous.

Touzer, l'ancienne *Tizurus*, dont le nom évoque de nombreux souvenirs historiques, est le chef-lieu du Djérid. Elle est formée d'un groupe de sept villages qui s'égrènent du nord au sud-ouest, toujours sur la lisière de l'oasis, tant les indigènes redoutent avec raison l'influence malsaine des jardins. Un seul fait exception à la règle, Bled-el-Hadar, bâti sur les ruines mêmes de Tizurus. Il est vrai qu'élevé de plus de 5 mètres au-dessus des terrains environnants, il est à peu près à l'abri des miasmes qui s'en dégagent. Le centre le plus populeux, Touzer, se compose d'un certain nombre de quartiers distingués seulement par le nom des fractions qui les habitent et séparés par des rues qui sont de vraies frontières. Les maisons sont bâties en briques cuites rouges et en briques de terre séchées au soleil, grises ou jaunâtres, dont l'agencement, souvent ingénieux, dessine des arabesques dénotant un certain goût architectural. Les terrasses des maisons sont bordées de balcons à jour construits avec ces briques. Sur les places et dans les grandes artères la réverbération du soleil est aveuglante. Dans les rues étroites, au contraire, bordées de hauts murs, on peut trouver un peu d'abri contre une température qui atteint en été 45 degrés à l'ombre. La ville renferme plusieurs mosquées qu'on ne visite pas. La population totale est évaluée à 10.000 habitants dont 7.000 pour le seul bourg de Touzer. Elle est de race berbère et arabe, cette dernière dominante. Le grand commerce dont Touzer était autrefois le centre paraît aujourd'hui fort diminué.

L'oasis de Touzer s'appuie, dans sa partie nord et ouest, sur la base du vaste plateau dénudé qui sépare le chott El-Djérid du chott Rharsa. Son étendue est évaluée 400 hectares. Elle renferme 218.000 palmiers d'une production annuelle moyenne de 8.500.000 kilogrammes de dattes, dont 335.000 kilogrammes de *deglätt* de première qualité; au sud et à l'est elle n'est séparée du chott El-Djérid que par des marais dans lesquels l'existence de vieux troncs de palmiers ne permet pas de douter qu'elle ne s'étendît autrefois beaucoup plus avant dans cette direction : au nord et à l'ouest sourdent, dans des anfractuosités plus ou moins profondes, à la base du coteau, cent cinquante-cinq sources, dont quelques-unes sont aujourd'hui taries, qui se réunissent dans un oued collecteur distribuant à toute l'oasis une eau tiède et abondante.

Le coteau qui abrite l'oasis des vents du nord est complètement dénudé et d'une aridité désolante. C'est un sol à base gypseuse en voie continuelle de désagrégation. Plusieurs *gours* de 5 à 6 mètres de hauteur, non loin des rives de l'oasis, formés de sable concrétionné et de lamelles de gypse, indiquent encore l'ancien niveau du sol. De maigres touffes de *harmel*, aux pieds desquelles s'accumule le sable, représentent la seule végétation de ce désert que parcourent d'immenses troupeaux de chèvres. Les caravanes avec leurs nombreux dromadaires choisissent aussi pour lieu de campement la partie du plateau la plus rapprochée des sources. Il en résulte que les abords de l'oasis, continuellement piétinés par des troupeaux de chèvres, de moutons ou de chameaux, qui y dévorent jusqu'à la dernière herbe, se transforment en un sable d'une ténuité et d'une mobilité extrêmes, que le vent chasse et accumule non seulement aux murs de la ville, mais dans l'oasis et dans ses sources. C'est certainement à ce pâturage abusif, autant et plus encore qu'à la grande aridité du sol, qu'il faut attribuer sa désagrégation et sa mobilisation au nord et à l'ouest de Touzer et de ses jardins, et c'est dans la fixation et le gazonnement de ce sol que doivent consister les travaux de protection et de défense.

On installera donc sur le coteau une palissade de 16 kilomètres de longueur, destinée à la création d'une haute dune, qui arrêtera le sable et enveloppera toute la partie nord et ouest de l'oasis d'une large zone-abri de 300 hectares, renfermant la ville elle-même et les sources. On ménagera tout autour des bourgs et dans toute la zone, l'espace et les chemins nécessaires à la circulation, et on interdira l'accès du surplus aux hommes et aux animaux; on peut espérer que, dans ces conditions, la zone de protection se couvrira naturellement d'une végétation suffisante pour fixer le sol. On y aidera, au besoin, par des semis de *drin* et d'*alfa*, qui, coupés en temps opportun, c'est-à-dire avant la dissémination de la graine, pourront servir de couverture au terrain en même temps qu'elles l'ensemenceront. Des branches de palmiers posées à plat sur ces couvertures et retenues par de petits piquets en croix en assureront le maintien. Ce sera un travail tout à fait analogue à celui de la fixation des dunes mobiles sur nos côtes de France. En même temps on plantera de tamarix tous les abords des sources et principalement les pentes dénudées des ravins, au fond desquels elles prennent naissance.

Dans le sud et l'est de l'oasis des étendues considérables ont cessé d'être cultivées par suite de l'extinction des sources qui les alimentaient, et les palmiers y ont disparu. Il semble cependant que l'eau est encore bien assez abondante pour qu'on puisse, par une équitable répartition, la ramener à ces terrains aujourd'hui improductifs, qui reprendraient de suite leur fécondité.

Enfin, dans l'intérieur même de l'oasis, plusieurs monticules dénudés jettent sous l'action du vent leur sable dans les jardins et dans l'oued collecteur. Il serait facile de les fixer par des plantations de tamarix, de retem, de ricin, etc.

Tous ces travaux, dont je ne donne ici qu'une indication sommaire, sont de la plus haute importance pour la protection de l'oasis de Touzer. Ils sont évalués à 43.000 francs.

Le 9 avril, à quatre heures du matin, nous partons

pour Nefta, qui est située à 24 kilomètres ouest de Touzer. Comme les autorités locales, prévenues de notre arrivée, ont mis à notre disposition une maison et nous ont assuré les vivres, et que nous devons repasser par Touzer pour continuer notre route, nous y laissons notre matériel et notre convoi, y compris le cuisinier, et nous partons accompagnés de trois gardes.

La route de Touzer à Nefta est la reproduction de celle d'El-Oudian à Touzer; elle suit en ligne droite le versant sud du coteau qui sépare les chotts El-Djérid et Rharsa, à travers une succession de collines arides et nues. A notre gauche s'étend, à perte de vue, l'immensité blanche du premier de ces chotts, bordée à l'horizon d'une ligne dentelée à reflets jaunes et dorés. Ce sont les grandes dunes du Sahara.

Nous arrivons à dix heures et l'on nous installe dans une maison assez délabrée, composée, comme toutes les maisons arabes, d'une cour centrale carrée sur laquelle s'ouvrent des portes donnant accès dans des chambres obscures garnies, pour tous meubles, de nattes de palmiers. Cependant, en notre honneur, on avait dressé une table supportant des assiettes et des verres, réuni quelques chaises mal équilibrées et garni d'une couverture deux vieux canapés qui devaient servir de lit. Un vrai luxe européen! Puis, nos chevaux remisés et soignés, on nous apporte le déjeuner.

C'est la première fois que j'ai été à même de déguster la cuisine arabe et, par politesse pour nos hôtes, je n'en voudrais pas dire de mal, mais je dois cependant avouer qu'elle n'a jamais eu mes sympathies. Une dizaine de plats en terre vernissés, très creux, ressemblant plutôt à des soupières et recouverts de chapeaux coniques en palmier ou en aloès, s'alignent sur le plancher en attendant le moment de comparaître sur la table. Le premier renferme le plat national, le couscoussou, dont à coup sûr je ne médirai pas, car les Européens m'ont paru le tenir en aussi haute estime que les Arabes. C'est une sorte de farine de gruau agglutinée en grains semblables à ceux de la semoule, cuite avec des morceaux de mouton ou une poule. Le tout est arrosé d'une sauce au piment d'une belle couleur rouge appelée *marga*. Le couscoussou est mangeable, mais la sauce emporte le palais et occasionne une soif qu'on ne peut étancher qu'avec beaucoup d'eau. C'est parfait pour les Arabes, qui n'usent que de cette boisson, si mauvaise qu'elle soit souvent; mais pour nous, qui préférons le vin, l'effet produit est tout contraire. Aussi dois-je avouer, quitte à passer pour un profane, que j'ai toujours mangé le couscoussou sans la sauce. Je ne mentionnerai pas tous les plats qui suivirent, qui d'ailleurs se ressemblaient fortement: c'étaient des viandes nageant dans des sauces de diverses couleurs aux parfums inoubliables. Chaque mets avait un nom que je n'ai pas retenu. Il va de soi que tout était froid. Le repas d'ailleurs était ultra-copieux et nos hommes n'ont certainement pas pu venir à bout de tout. Il y eut heureusement des dattes au dessert et du café.

Pendant le repas nous avons pu admirer à l'aise un ravissant petit oiseau qui habite les cours et même les chambres, où il voltige sans cesse et vient se poser familièrement à côté de vous. C'est le bou-habib (bon ami), qui paraît spécial au pays. Il a la taille du moineau, mais avec des formes plus élégantes, et un peu ses nuances, sauf la tête et la poitrine, qui sont d'un beau bleu cendré.

Nefta (autrefois Aggar-Selnepte ou Aggars-el-Nepte) remplace une ancienne ville enfouie sous les sables du chott. Elle est située non loin de la frontière algérienne, sur les flancs profondément déchiquetés du coteau aux pieds duquel sourdent les sources et s'étendent les jardins. Elle ressemble beaucoup à sa voisine Touzer Comme elle, elle est divisée en plusieurs quartiers dont le plus important et le plus central est Es-Souq (le marché). Il y existe plusieurs mosquées qu'on dit fort belles.

La population de Nefta est évaluée à 8.000 habitants. La race berbère paraît y dominer. Les hommes y son remarquablement beaux, forts et souvent obèses, avec le type romain dans toute sa pureté. Le fanatisme religieux y est encore très ardent, car une partie des descendants du Prophète habitent Nefta, qui est une cité sainte comme Kairouan et la Mecque.

L'oasis de Nefta, au sud de la ville, a une étendue d'environ 500 hectares et compte 240.000 palmiers. Les sources prennent naissance au nord, au fond d'une gorge en forme d'entonnoir de 70 à 80 mètres de hauteur à pente sablonneuse et très rapide. Du sommet on plane sur toute la forêt de palmiers encaissée à ses pieds au fond du ravin. Le coup d'œil est féerique.

Les vents de l'est et du nord qui chassent sur la ville et sur les sources tout le sable du désert, les éboulements du sable des ravins dans le lit de l'oued, rendent la situation de Nefta plus périlleuse peut-être que celle de Touzer. Les indigènes, dans leur fanatisme, nous indiquèrent, en nous montrant le ciel, que le sable venait de là-haut, et que rien ne pouvait l'arrêter. Nous cherchâmes néanmoins à leur faire comprendre que si on fixait par un clayonnage, les talus du ravin, le sable cesserait de couler à sa base; que si on l'arrêtait par une palissade tout autour de la ville, il se fixerait sur cet obstacle au lieu de s'accumuler sur les murailles, et qu'en fin de compte en le retenant par un gazonnement il cesserait de s'envoler au ciel pour retomber en pluie sur l'oasis. J'ignore si je suis arrivé à convaincre mes auditeurs, mais je persiste à penser qu'on réussira à préserver l'oasis de Nefta par les mêmes procédés que j'ai indiqués pour celle de Touzer.

Descendant ensuite vers le midi, nous traversons les jardins et suivons la limite sud. Là, une vaste pointe de dunes s'avance dans la direction du nord, formée de monticules de sable, presque nus ou à peine gazonnés, entrecoupés de vallons et de bas-fonds plantés en palmiers plus ou moins profondément ensablés, où l'irrigation a cessé et où la culture a été abandonnée. Il y a là au moins 80 hectares de perdus, dont on pourrait sauver une grande partie en ramenant l'eau dans tous les fonds et en entourant d'une clôture, pour les défendre du bétail, les sommets sablonneux, qui se gazonneraient d'eux-mêmes et préserveraient ainsi d'un envahissement menaçant tout ce versant de l'oasis.

Au-dessous d'Alegma, en particulier, s'étend une grosse dune blanche qui fait pointe de l'est à l'ouest, et dont le sable tend à combler l'oued collecteur. Par sa proximité du village, cette dune est incessamment parcourue par les hommes et les animaux; il n'y croît ni une herbe ni une plante, et elle constitue, pour les cultures avoisinantes et l'oued un foyer permanent d'ensablement.

Enfin, sur toute la lisière est, des dunes provenant en partie de la désagrégation du sol et du défaut de culture, envahissent profondément les jardins, et il devient urgent de les arrêter et de les fixer en ramenant l'eau dans toutes les parties basses; en créant, au besoin, des barrages permettant d'irriguer et, par suite, de fixer les parties plus élevées; enfin, en établissant tout autour, d'après les principes déjà indiqués, des zones de protection.

Ces divers travaux exigeraient à Nefta une dépense première de 47,000 francs.

Nous rentrons le soir dans notre gîte arabe très fatigués de cette longue course. On nous sert le dîner avec le même cérémonial que le déjeuner. Même défilé de plats, à commencer par le couscoussou obligé, auquel il faut bien faire honneur, sous peine de dîner avec des dattes. Après quoi, chacun de nous s'étendit sur son prétendu lit, où pour mon compte rien ne vint troubler mon repos. Il n'en fut pas de même pour mon camarade de voyage, qui, visité, paraît-il, par un véritable régiment d'insectes, fut obligé de déserter son appartement et d'aller se coucher, roulé dans sa couverture, dans la cour, à la belle étoile où, à défaut d'un lit moelleux, il trouva du moins la solitude et le sommeil.

Le lendemain, 10 avril, nous rentrions à Touzer à onze heures du matin.

CHAPITRE XIV

LA MER INTÉRIEURE SAHARIENNE. — LE PROJET ROUDAIRE.
LES CRITIQUES.

Il ne m'est pas possible de quitter la région des chotts sans dire quelques mots du projet de mer intérieure auquel le lieutenant-colonel Roudaire a attaché son nom et que M. de Lesseps a honoré de son puissant patronage. Ce projet fait le plus grand honneur à la science de son auteur et à la persistance infatigable avec laquelle il a pu exécuter dans les chotts de la Tunisie et de l'Algérie un nivellement de 1311 kilomètres, relevé des observations météorologiques de toutes sortes, effectué de nombreux sondages et étudié en détail l'hydrologie, la géologie et la paléontologie de la région. Il consiste, on le sait, à remettre sous l'eau les chotts du sud de la Tunisie et le chott Melghir de la province de Constantine, et à rétablir ainsi au sud de nos colonies africaines un bras de mer qui ne serait autre que la baie ou le golfe de Triton des anciens, suivant les uns, ou une simple dépression recouverte par les eaux à l'époque historique, suivant les autres. Peu importe d'ailleurs que l'ancienne baie de Triton ait occupé ou non l'emplacement des chotts actuels, ou qu'elle ait embrassé, suivant M. Roudaire, tout le bassin du lac Kelbiah dans la portion centrale du plateau tunisien et la plaine de Kairouan. Il n'en paraît pas moins établi que la dépression des chotts, qu'elle communiquât ou non avec le mer, était couverte d'eau pendant la période historique, ce qui expliquerait sa fertilité à cette époque, et sa stérilité aujourd'hui que les eaux se sont retirées.

M. Roudaire énumère lui-même, comme il suit, les résultats généraux de la création de la mer intérieure (1) :

« Amélioration profonde du climat de l'Algérie et de la Tunisie ;

« Ouverture d'une nouvelle voie commerciale pour les régions situées au sud de l'Aurès et de l'Atlas et pour les caravanes du centre de l'Afrique ;

« Amélioration des conditions hygiéniques de la contrée, sécurité complète pour l'Algérie, car nos troupes pouvant débarquer au sud de Biskra, il n'y aurait plus d'insurrection possible. »

Les savants font à cette conception grandiose de nombreuses et sérieuses objections. Et d'abord il résulte des nivellements que les deux premiers chotts, El-Fedjedj

---

(1) *Rapport à* **M.** *le Ministre de l'instruction publique sur la dernière expédition des chotts,* par le commendant Roudaire. Paris, Imprimerie nationale, 1881.

et El-Djérid, sont au-dessus du niveau de la mer de 15 à 33 mètres, et que le seuil qui sépare le golfe de Gabès du premier chott est, au col, au moins de 48 mètres au-dessus de la Méditerranée. Le chott Rharsa, qui fait suite, est nettement en contre-bas et le chott Melghir, qui termine la dépression à l'ouest, est à un niveau encore inférieur. « Assurément, dit M. G. Rolland dans son étude sur la mer Saharienne (1), il aurait suffi, dans la région de Gabès, d'un soulèvement de faible amplitude tel qu'il paraît s'en être produit dans les temps quaternaires et même depuis les temps historiques, pour avoir élevé une barre entre les eaux de la Méditerranée et cette série de bassins, dans lesquels la mer eût auparavant pénétré sous forme d'un golfe allongé, et pour avoir réuni à la terre l'emplacement de l'ancien bras de mer en question. Une telle hypothèse était naturelle dans le cas particulier, mais elle n'a pas été confirmée par l'observation des faits géologiques. » Elle est, de plus, fortement combattue par des géologues, MM. Fuchs et Pomel, qui ont pu explorer la barre même de Gabès. Quoi qu'il en soit, on ne pourrait actuellement amener l'eau que dans les chotts Rharsa et Melghir au moyen d'un canal de près de 180 kilomètres de long, qui exigerait des capitaux énormes. M. Roudaire compte, il est vrai, résoudre la difficulté de la largeur et de la profondeur à donner à son canal en faisant exécuter la plus grande partie du travail par les masses d'eau qui doi-

---

(1) *Revue scientifique*, n° 23, Paris.

vent être introduites dans les chotts Rharsa et Melghir, c'est-à-dire qu'au lieu de donner au canal ses dimensions définitives, il se bornerait au creusement d'une simple tranchée que le courant se chargerait d'élargir et d'approfondir, système qui a été appliqué à la rectification du cours de la Meuse par M. Coland, ingénieur hollandais.

En admettant, avec M. Roudaire, que ce procédé permette une grande économie de main-d'œuvre, il faut s'attendre à bien de l'imprévu, et certainement à une dépense de beaucoup supérieure à 75 millions pour l'établissement du canal.

Dans une note adressée à l'Académie des sciences (séance du 9 juillet 1877), en réponse à une note antérieure de M. Roudaire au sujet de la mer intérieure du Sahara, M. Naudin formule ainsi, sur le canal et l'existence de cette mer, des critiques très serrées : « Supposons, dit-il, le projet pris au sérieux et exécuté ; tous les travaux ont marché à souhait ; le canal est ouvert, les chotts sont remplis jusqu'au bord ; leurs rivages rapidement inclinés, presque abrupts même, ont une bonne profondeur d'eau, et la navigation commence. Combien cet état de choses durera-t-il ? C'est ce dont nous allons chercher à nous rendre compte.

« Comme toutes les mers, grandes ou petites, la mer Saharienne aura ses tempêtes ; les vents violents de la région en bouleverseront la surface et les vagues viendront battre ces rivages jusque-là si nettement dessinés, Des grèves s'y formeront et les terres affouillées par le flot seront emportées sous l'eau et se déposeront à quel-distance, adoucissant le pente et exhaussant le fond. Dans la saison des pluies, les cours d'eau plus ou moins torrentueux suivant la région qu'ils auront traversée, déposeront, à leur entrée dans la petite mer, le gravier et le limon qu'ils auront ramassés sur leur parcours. Il s'y formera des atterrissements, puis des deltas, avec leur accompagnement habituel de lagunes d'eau douce, puis d'eau saumâtre. Quand ces accidents se produisent au bord d'une vaste mer, ils peuvent, malgré de sérieux inconvénients, passer inaperçus; mais ils ont une tout autre gravité quand il s'agit d'une mer aussi resserrée et aussi peu profonde que celle qui nous occupe. Il est évident, en effet, que ces apports sans cesse renouvelés de matériaux solides dans un bassin fermé, en exhausseront insensiblement le fond et qu'avec le temps, en quelques siècles tout au plus, ils auront assez comblé la petite mer pour y rendre la navigation impossible.

« Mais ce n'est là encore, selon moi, que le moindre des dangers qui menaceront la mer Saharienne. Le plus grand de tous lui viendra précisément de ce canal, sans lequel elle ne saurait exister. Remarquons bien qu'il ne s'agit pas ici d'un simple canal de communication entre deux mers situées à très peu près, ou tout à fait au même niveau, comme celui de Suez, par exemple, mais d'un canal de remplissage, avec un courant dont le volume et la vitesse devront être en proportion de la capacité du bassin à remplir. D'après les évaluations de M. Roudaire, le canal devra restituer chaque jour à la mer les 39 millions de mètres cubes d'eau que l'évaporation lui aura fait perdre, faute de quoi le niveau s'abaisserait rapidement. Se fait-on une idée bien nette d'un pareil volume d'eau et de sa puissance d'érosion lorsqu'il est en mouvement? Un cours d'eau capable d'amener, en vingt-quatre heures, 39 millions de mètres cubes d'eau sur un point donné est un fleuve, on peut même dire un grand fleuve, car ces 39 millions de mètres cubes reviennent à un débit de 451 mètres cubes d'eau par seconde. La Seine, à Paris, en temps ordinaire, coulant avec une vitesse de 60 à 65 centimètres par seconde, débite, dans le même temps, 130 mètres cubes d'eau. La Garonne, à Toulouse, 150 mètres cubes. Ainsi, en supposant l'eau du canal animée de la même vitesse que celle de ces deux rivières, le fleuve artificiel, dont il aura fallu creuser le lit, aura trois fois le volume de la Garonne à Toulouse et près de trois fois et demie celui de la Seine à Paris. Je laisse à penser ce que sera un pareil travail et quelles dégradations le passage de cette énorme quantité d'eau occasionnera aux parois du canal dans des terrains ameublis par les machines et les outils.

« Ce sera bien autre chose encore au moment des crues, car ce canal aura des crues ; M. Roudaire a soin, en effet, de nous avertir que dans les fortes chaleurs de l'été et principalement sous l'influence des vents brûlants du Sahara, l'évaporation pourra être doublée, et que la petite mer intérieure perdra par là, dans les vingt-quatre heures, jusqu'à 78 millions de mètres cubes d'eau. Naturellement le canal devra répondre à l'appel fait par ce vide. Il débitera alors 900 mètres cubes à la seconde, c'est-à-dire à peu près une fois et demie la quantité d'eau qui passe sous les ponts du Rhône, à Lyon, et avec la même vitesse. Il n'est pas possible de croire que les berges du canal résistent à un pareil torrent. Elles seront emportées par l'eau, elles obstrueront le canal, et ce qui en arrivera à la mer intérieure y formera des atterrissements plus considérables que ceux que je signalais plus haut. Le seul moyen d'empêcher ces dévastations serait de donner au canal une section assez grande (et elle devrait être vraiment énorme) pour que le courant fût presque insensible par tous les temps ; mais eût-on fait ce travail gigantesque, on n'en serait pas plus avancé, ainsi qu'on va le voir.

« L'eau de mer n'est pas toujours pure. Dans les gros temps, les vagues qui s'abattent sur les plages y soulèvent de la vase et du sable, et elles se troublent sur une zone plus ou moins large suivant la force et la durée de la tempête. Ces eaux troubles entreront immanquablement dans le canal et iront épaissir la couche de sédiments, qui par d'autres causes se seront déjà déposés dans le bassin de la mer intérieure. Le canal lui-même s'ensablera, et par quel moyen le désensabler, si ce n'est en faisant entraîner par l'eau, toujours vers la mer intérieure, les matériaux déposés sur son fond ? Il ne faut pas oublier que si ce canal est un fleuve artificiel, c'est aussi un *fleuve à rebours*, qui tire sa source de la mer au lieu d'y porter ses eaux.

« Enfin il y a un autre point dont il semble qu'on ne se soit pas beaucoup préoccupé jusqu'ici; l'eau de mer tient en dissolution diverses substances qui s'en séparent à l'état solide quand elle est arrivée à son maximum de saturation, et celle de la Méditerranée est particulièrement riche sous ce rapport. Tant en sel ordinaire qu'en chlorure de magnésium et de potassium, en sulfate et carbonate de potasse, de magnésie et de chaux, et de quelques autres substances, elle contient sur 1,000 parties en poids, 41,64 parties de matières qui se précipitent à l'état solide quand l'évaporation l'a suffisamment concentrée. En supposant que le mélange de ces diverses matières ait trois fois la densité de l'eau (celle du chlorure de sodium est 2,13), 1000 mètres cubes de cette eau en s'évaporant laisseraient un résidu solide de 15 à 16 mètres cubes. Qu'on juge par là de ce que produirait l'évaporation journalière de 39 millions de mètres cubes, dès que la totalité d'eau de la mer intérieure sera arrivée à son point de saturation! On voit que les sédiments formés de cette manière sont loin d'être négligeables.

« La mer intérieure du Sahara ne sera jamais qu'un bassin fermé dans lequel s'accumuleront, sans cesse et sans relâche, des dépôts de toute nature provenus de sources diverses, et dont il n'y aurait aucun moyen de la débarrasser, car il ne faudrait pas espérer leur faire remonter le canal qui les aurait apportés. Elle s'encombrera inévitablement, et peut-être en moins de temps qu'on ne serait tenté de le croire au premier abord. L'énorme travail auquel on se serait livré n'aurait donc abouti qu'à créer un immense marais, source de pestilence pour les générations futures. Y a-t-il lieu de s'étonner, si, devant une telle perspective, le projet, d'ailleurs si séduisant de M. Roudaire a trouvé quelques incrédules? »

D'autres critiques, également très vives, ont été formulées contre le projet Roudaire par M. Cosson. Ce savant nie que le prolongement du golfe de Gabès jusqu'aux chotts méridionaux de la province de Constantine amène un changement notable dans le climat général de l'Algérie et de la Tunisie, et cite à l'appui de cette opinion ce fait que la côte du Maroc, malgré l'évaporation immense produite par l'océan Atlantique, celles de Gabès et de la Tripolitaine, malgré le voisinage immédiat de la Méditerranée, présentent les caractères climatériques généraux, la flore et les produits agricoles du Sahara lui-même.

« Le désert africain, dit M. Pomel (1), se prolonge en plein océan Atlantique, sur les îles du cap Vert, dont le climat est presque aussi sec, malgré leur situation, et dont la flore est saharienne... Toute la côte atlantique du Sahara est aussi déserte que l'intérieur, et, sauf le littoral immédiat, les Hamad, les Sebkhas, les Args prennent immédiatement derrière lui tout leur caractère désertique. Le fond des golfes des deux syrtes, la côte au nord de Syoux, les deux rives de la mer Rouge, ne semblent pas plus modifier leur type désertique sous l'in-

---

(1) *Le Sahara*, par A. Pomel. — Paris.

fluence des mers qui les baignent. L'altitude même paraît indifférente à l'établissement du type désertique qu'elle affaiblit plus ou moins suivant les cas. Il n'y a point d'illusion à garder; l'influence que pourrait exercer sur la climatologie de l'Atlas l'immersion d'une surface comme celle de l'ancienne Libye, qui pourrait se trouver au-dessous du niveau de la mer, est une pure utopie. Elle resterait encore nulle quand même cette surface serait décuplée. »

« La voie nouvelle, dit encore M. Cosson (1), n'aurait qu'une bien faible importance commerciale, car les caravanes du centre de l'Afrique ne se détourneraient pas de leur route ordinaire et continueraient à se diriger vers le Maroc et la Tripolitaine. Elles évitent surtout, dans la traversée du Sahara, les dunes de l'Erg, que, pour gagner soit l'Algérie, soit la Tunisie, elles auraient à franchir dans leur plus grande étendue... La mer rêvée ne serait qu'un prolongement du golfe de Gabès et n'éviterait aucun frais de transbordement, ces frais restant les mêmes que si les marchandises étaient transportées directement à Gabès, délaissée pour Mogador et Tripoli. »

M. Cosson émet encore la crainte que loin d'améliorer l'état de salubrité de la contrée, la mer intérieure ne crée un foyer pestilentiel, que l'influence de l'humidité atmosphérique ne soit nuisible à la culture du dat-

(1) Réponse à la dernière communication de M. Roudaire sur son projet de création d'une mer saharienne. (Note de M. E. Cosson, séance du 2 juillet 1877.)

tier, qui est la principale, pour ne pas dire l'unique de la région; il conteste, enfin, la sécurité qu'elle pourrait apporter à nos frontières méridionales.

« En résumé, conclut-il, aucun des avantages attribués à la création de la nouvelle mer ne me paraît pouvoir être sérieusement établi, et les centaines de millions à consacrer à l'entreprise seraient dépensés en pure perte pour l'intérêt général. Si cette mer existait, elle serait même un tel danger pour les intérêts français, que je n'hésite pas à dire qu'il faudrait la combler.

« Pour améliorer les conditions générales de la région et faciliter les relations commerciales, on ferait bien plus en multipliant les puits, en rétablissant les puits effondrés, en plantant des arbres appropriés au climat sur tous les points où ils peuvent croître, en aménageant les eaux et en les distribuant par des aqueducs ou des canaux. »

Je viens de résumer, aussi brièvement que possible, une partie des critiques des adversaires du projet de mer intérieure saharienne. M. Roudaire, et après lui M. de Lesseps, avec sa haute autorité, les ont discutées pied à pied en invoquant des arguments tirés des faits qui se sont produits aux lacs Amers et au canal de Suez. Mais remarquons bien que la situation n'est pas du tout la même et qu'il n'y a, comme le disent MM. Martins et Desor (1), « aucune parité à établir

---

(1) Observations sur le projet de création d'une mer intérieure dans le Sahara oriental, par MM. Ch. Martins et Ed. Desor (Séance du 15 février 1879).

entre le percement de l'isthme de Suez réalisé par M. de Lesseps et le rétablissement d'une mer intérieure dans le Sahara algérien proposé par M. Roudaire. » Le cadre de cet ouvrage ne me permet pas de résumer les réfutations, par l'auteur, des nombreuses critiques faites à son projet. Je me borne à renvoyer les lecteurs que cette question peut intéresser aux deux savants rapports adressés par M. Roudaire, en 1877 et 1881, à M. le Ministre de l'instruction publique (Paris, Imprimerie nationale).

Comme on le voit, la question de la possibilité et de l'utilité de la mer intérieure est encore aujourd'hui fortement controversée, et ne paraît pas prête à être définitivement tranchée. M. le commandant Landas, nouveau chef de la mission et successeur du lieutenant-colonel Roudaire arraché prématurément par la mort à ses travaux, a continué au printemps de 1885 les études du terrain. J'ai le regret de ne pas l'avoir rencontré à Gabès, où je me trouvais également le 25 mars, jour de son embarquement pour Tunis, et de n'avoir pas appris de sa bouche le résultat de ses nouvelles recherches.

Pour moi, si j'osais exposer mon humble avis après celui de si hautes autorités, je serais disposé à me ranger du côté des contradicteurs du projet. Je ne crois pas, au moins avant fort longtemps, à l'établissement avec le centre de l'Afrique d'un commerce assez florissant pour alimenter le trafic de la mer intérieure et rémunérer les capitaux immenses qu'il faudrait engager pour sa création. De bonnes voies ferrées dans le sud de nos colonies africaines, beaucoup moins dispendieuses, rendraient certainement, à ce point de vue, de bien plus grands services, et quant à la question climatérique, je pense, avec M. Cosson, qu'on arriverait plus sûrement à la résoudre par la recherche et l'entretien des sources, le forage de nombreux puits, l'aménagement des eaux, l'établissement de barrages permettant de les capter et de les distribuer sur tous les points et, par conséquent, de porter dans le désert la fertilité et la vie. Il se créera alors partout des forêts de palmiers; au besoin on aura recours d'abord au tamarix et au retem pour peupler les parties les plus rebelles, et c'est en reboisant ainsi graduellement ces immenses régions désolées qu'on en modifiera le climat, en y augmentant les précipitations atmosphériques sans lesquelles il n'y a point de cultures et point d'existence possible pour les populations.

Je ne nie pas que la mer intérieure ne constitue aujourd'hui, au début de la colonisation, une barrière utile contre les insurrections; mais qui prouve que cette barrière ne sera pas un jour un obstacle à notre expansion coloniale et qu'on ne regrettera pas de l'avoir élevée? C'est en faisant pénétrer peu à peu chez ces peuples barbares et fanatiques les idées de civilisation et de progrès qu'on arrivera à les attacher à la France, beaucoup plus qu'en nous renfermant dans nos possessions comme dans une forteresse. Déjà de hardis explorateurs ont tenté cette grande œuvre et se sont efforcés d'arriver à Tombouctou à travers la partie du Sahara située au sud de notre colonie algérienne. C'est René

Caillié qui, parti du Sénégal, y parvint le premier et, après des fatigues surhumaines, réussit à regagner le Maroc et à rentrer en France; c'est le colonel Flatters, victime avec tous ses compagnons de son dévouement à cette noble cause; ce sont MM. Dournaus-Dupcré et Joubert, assassinés non loin de Rhadamès en avril 1874, MM. Geslin et Couturier, qui meurent à peu de distance l'un de l'autre en 1856. D'autres explorateurs plus heureux échappent à la mort, sans pouvoir mener jusqu'au bout leur audacieuse entreprise. M. Largeau a été deux fois à Rhadamès, mais a dû renoncer à pousser plus avant; Paul Soleillet a tenté deux fois, par les deux extrémités, d'atteindre le but, et, malgré son infatigable constance, a dû renoncer, provisoirement du moins, à poursuivre ce périlleux voyage. D'autres hardis pionniers sont en route et, sans se laisser effrayer par les dangers ni rebuter par les fatigues, tentent de pénétrer au cœur de cette mystérieuse Afrique et de le relier à notre colonie par un chemin de fer transsaharien. Le succès couronnera certainement un jour tant d'efforts, et ce jour-là, encore éloigné peut-être, la barrière de la mer intérieure n'aura plus de raison d'être.

INTÉRIEUR D'UNE MAISON ARABE.

CHAPITRE XV

DE TOUZER A GAFSA. — L'OASIS D'EL-HAMMA SUR LES BORDS DU CHOTT RHARSA. — LES DJÉBEL MELLÉOUT ET OUSSAIEF. — RELIEF DU PAYS. — L'OUED-TARFAOUI. — LA GANGA. — L'EL-GUETTAR. — ARRIVÉE A GAFSA. — LA VILLE ET SON OASIS. — CULTURES PRINCIPALES. — CRUES ET DÉBORDEMENTS DE L'OUED-GAFSA ET ENVAHISSEMENT DES SABLES. — APERÇU DES TRAVAUX DE DÉFENSE ET D'ENDIGUEMENT DE L'OUED. — CAMPEMENT SUR LA LISIÈRE DE L'OASIS. — LA CHASSE AUX GUÊPIERS.

Après une journée de repos, dont nous avions tous grand besoin, et après renouvellement de nos provisions et de notre vaisselle, nous serrons la main de nos hôtes et nous quittons Touzer le dimanche 12 avril à quatre heures et demie du matin, nous dirigeant sur Gafsa, qui en est distant de 85 kilomètres ; nous devons faire l'étape en deux jours.

Nous remontons d'abord droit au nord, laissant à notre gauche le chott Rharsa, que nous ne faisons qu'entrevoir, et nous atteignons à 9 kilomètre l'oasis d'El-Hamma.

Cette oasis offre la plus grande analogie avec celle de Touzer, dont elle représente à peine le tiers en étendue. Elle est située au sud de la pointe orientale du chott Rharsa, dans une plaine abritée des vents du sud par les dernières ramifications du Djébel Droumès. Trois sources l'alimentent, toutes trois au sud de l'oasis. La première prend naissance au pied d'un coteau de 70 mètres de hauteur, à pente raide, aux flancs nus et escarpés dont le sable s'éboule incessamment ; la seconde, très voisine, sourd dans le lit desséché d'un oued ; la troisième, à fleur de terre, est en bon état. Elles fournissent une eau fraîche assez abondante et d'excellente qualité, et comme elles se trouvent sur la route suivie par les troupeaux et les caravanes, elles sont très fréquentées, ce qui est une cause de mobilisation des terrains environnants. Il serait utile, pour les protéger, de les envelopper d'une zone-abri dans laquelle on ne laisserait qu'un passage suffisant ; les escarpements dominant la première source pourraient être fixés par des clayonnages et leurs abords seraient plantés en tamarix.

Il n'existe d'ailleurs dans l'oasis d'ensablement que sur une tache, au centre, où l'on trouve de petites dunes qu'il serait bon de fixer avant qu'elles ne s'agrandissent. Une somme de 4,500 francs serait suffisante à l'exécution de tous les travaux.

Nous traversons ensuite diagonalement, du sud-ouest au nord-est, la longue plaine qui s'étend entre les **Djébel Droumès**, **Tarfaoui** et **Kébiriti** au sud, et les **Djébel Melléout** et **Oussaïef**, au nord. Ces derniers appartiennent à une chaîne parallèle à la première, se prolongeant de l'est à l'ouest, de Gafsa jusqu'en Algérie, en limitant au nord la vallée du chott Rharsa. Les montagnes paraissent élevées, nues et d'une complète aridité. A mesure que nous en approchons, nous en distinguons les flancs abrupts, crevassés et profondément ravinés. Nous longeons le lit presque à sec de l'Oued-Melah ou Tarfaoui, où croissent quelques tamarix; le sol de la vallée est un sable d'alluvion où se montrent çà et là des touffes de harmel, de retem et de drin, toutes plus ou moins abrouties par le bétail. Nous passons au bordj de Gouiffla, près de la Sebkha-el-Baadja (*sebkha* ou petit chott), qui ne renferme d'eau qu'à l'époque des pluies. Nous croisons de nombreuses caravanes qui portent à Touzer et Nefta de l'orge et du blé et en rapporteront des dattes. Par suite du manque d'eau, le gibier est rare dans cette contrée, mais la vipère cornue y abonde; plusieurs se déroulent aux pieds de nos chevaux et cherchent un refuge dans les trous ou dans les broussailles.

A cinq heures du soir, nous campons sur les bords de l'Oued-Tarfaoui, à 50 kilomètres de Touzer. Une petite mare d'eau saumâtre suffit pour abreuver nos chevaux. Quant à nous, nous avons eu la prudence de nous en approvisionner aux bonnes sources d'El-Hamma, ce dont nous ne pouvons trop nous louer, car l'étape a été longue et la journée très chaude. Une nuit des plus froides lui succède.

Le lendemain, 13, à six heures, nous sommes en route pour Gafsa; nous passons près du bordj Gourbaka, construit en 1881 par l'armée d'occupation, puis nous traversons l'Oued-Tarfaoui, dans le lit duquel se lèvent des poules de Carthage. Non loin de là, notre chasseur tue une ganga, improprement appelée *perdrix* dans le pays. C'est un tétras de la grosseur d'une perdrix grise, d'une nuance jaunâtre, comme le sol du pays. En voici la description aussi complète que possible : couleur gris-roux clair, mouchetée de noir et de brun; front roux-fauve pâle; bec gris; joues, gorge et lorum jaune chrome; nuque jaune avec taches noires; dos rouge gris, rayé de noir; rémiges gris marron, rayées de blanc; ventre blanc roussâtre sur un duvet noir; tarses emplumés jusqu'aux doigts à la partie antérieure et nus à la partie postérieure; pouce rudimentaire, trois doigts, dont le médium plus grand, réunis jusqu'à la moitié de leur longueur.

En approchant de Gafsa, la vallée se resserre et les montagnes, de plus en plus hautes, prennent un aspect majestueux; à gauche l'El-Guettar semble une gigantesque muraille qui barre la vallée; en face de nous vers l'est, le Djébel Arbata, au pied duquel est située Gafsa, dresse vers le ciel sa cime élevée et hardie; à notre droite, une succession de collines court de l'ouest à l'est au milieu de la plaine et vient mourir au pied du Djébel Arbata.

Enfin, après avoir traversé une plaine encore plus sablonneuse et plus aride, s'il est possible, que celle parcourue jusqu'ici, nous apercevons Gafsa dominant son oasis, et à ses pieds l'Oued-Tarfaoui, qui prend le nom d'*Oued-Gafsa*. Tout autour un amphithéâtre de hautes montagnes dénudées éclairées par un ardent soleil, forme au paysage un cadre grandiose et imposant. Nous franchissons la rivière, et à travers les dédales de l'oasis nous arrivons à la porte de la ville à deux heures de l'après-midi, après une marche de 35 kilomètres.

On nous indique, pour lieu de campement, un terrain complètement nu, brûlé par le soleil, qui rappelle trop celui de Touzer. Nous préférons, à nos risques et périls, nous rapprocher de l'oasis, où nous trouverons du moins un peu d'ombre et de fraîcheur; nous dressons donc nos tentes tout à fait sur la lisière dans un massif d'oliviers et d'abricotiers, où nous décidons, après un examen sans doute un peu sommaire, qu'il n'existe ni miasmes ni fièvres. Nous nous trompions peut-être, mais enfin les faits nous ont donné raison, car nous avons habité trois jours ce petit éden sans y contracter le moindre germe de maladie.

Notre première visite fut pour le lieutenant-colonel Rouvière, du 83ᵉ de ligne, chez qui nous reçûmes, comme partout, le plus gracieux accueil; ce fut chez lui, à un dîner, que j'eus la bonne fortune de retrouver un vieil ami, le commandant Sarrade, que j'avais quitté il y avait vingt ans sous-lieutenant à Strasbourg. La surprise fut si grande de part et d'autre que nous nous embrassâmes, au grand ébahissement des spectateurs.

Gafsa, l'ancienne *Capsa* des Romains, autrefois riche et puissante, dont Jugurtha avait utilisé l'importance stratégique en en faisant un des points d'appui de sa domination dans le sud, est construite sur la rive droite de l'Oued-Gafsa, sur un plateau abrité de hautes montagnes et dominant la vallée qui s'étend entre l'El-Guettar et le Djébel Arbata. Elle est entourée de plusieurs enceintes en pisé presque partout en ruine. L'aspect intérieur est celui de Touzer et de Nefta, mais les maisons, au lieu d'être construites en briques, sont bâties, le plus souvent, en pierres de taille provenant de ruines romaines, ou à leur défaut, en pisé. Elles n'ont rien de remarquable, mais sont, en général, spacieuses. Les deux monuments principaux sont la Khasba et le Dar-el-Bey.

La Khasba est une vaste citadelle carrée, composée de divers corps de bâtiment entourés d'une haute muraille crénelée, flanquée de tours; à l'intérieur se trouvent des sources et deux mosquées.

Le Dar-el-Bey (palais du bey) est construit sur l'emplacement d'anciens thermes romains alimentés par la source de la Khasba et par deux autres. Ces thermes, en parfait état de conservation et fréquentés encore aujourd'hui, consistent en bassins ou piscines entourés de murs élevés, en pierre de grand appareil; ils communiquent entre eux par un conduit voûté et sont alimentés par la même eau. Un bassin est réservé aux hommes, un autre au femmes. L'eau, légèrement minérale, a une température de 31 degrés centigrades.

La population de Gafsa est évaluée à 5,000 âmes, dont un millier de Juifs. On y fabrique des burnous de laine fine et de très beaux et très fins tissus de laine et de soie connus sous le nom de *haïks*, sortes de grands voiles dans lesquels se drapent, par dessus leur vêtement, les hommes et les femmes de la classe aisée. Mais la principale source de richesse est l'olive, qui produit une huile très estimée.

L'oasis s'étend au sud de Gafsa sur les deux rives de l'oued. On lui attribue une surface de 270 hectares. Le dattier, par suite de la station un peu septentrionale, ne s'y trouve plus que tout à fait secondaire et ses dattes sont de qualité inférieure. Il est remplacé par l'olivier qui peuple au moins les huit dixièmes de l'oasis. On y trouve, en outre, en mélange de nombreux arbres à fruits; l'abricotier, dont les fruits abondants sont échangés contre des dattes; le figuier, le pêcher, le citronnier, le limon doux, le grenadier, l'amandier et plusieurs variétés de pruniers; l'orange y mûrit rarement. Parmi les cultures maraîchères, citons l'orge, le maïs, une grande variété de légumes, le navet, la carotte blanche, des salades, l'oignon et la fève. Les arbres ne sont jamais taillés, ce qui leur permet d'atteindre de grandes dimensions et de former des dômes de verdure du plus agréable effet à l'œil, mais au grand détriment des cultures auxquelles ils interceptent complètement les rayons du soleil. Dans les parties non irriguées quelques vaches de petite taille paissent sous les oliviers.

L'oasis est arrosée en partie par les eaux s'écoulant des thermes et en partie par de nombreuses sources prenant naissance dans l'oued, qui coule du nord au sud sur un lit pierreux et sablonneux insuffisamment encaissé entre des berges ravinées. A l'époque des grandes crues, il se transforme en un torrent impétueux qui déborde, envahit l'oasis et cause les plus grands ravages.

On signale une de ces crues terribles arrivée il y a vingt-huit ans, où l'eau s'éleva à 3 mètres au-dessus du niveau du lit de l'oued; toute la partie de l'oasis appelée *tretech* fut emportée avec ses palmiers, et l'oued en occupe aujourd'hui l'emplacement. C'est à cette époque que l'eau envahit sur une profondeur variable de 500 à 1000 mètres toute la portion est et sud-est de l'oasis et y déposa l'épaisse couche de sable qui subsiste encore. La partie ainsi ensablée a cessé depuis d'être cultivée et a été abandonnée au parcours des bestiaux, qui la maintiennent à l'état de sable mouvant et en font un danger permanent pour le restant des jardins.

Il suffirait, pour arrêter les ensablements, de clore et de mettre à l'abri du pâturage cette zone, qui ne renferme pas de hautes dunes et dont la plus grande partie est encore susceptible d'irrigation. On reprendrait ainsi la culture dans les fonds et on fixerait par des graminées et des tamarix les sommets et les petites dunes qui ne se gazonneraient pas spontanément.

Mais ces travaux ne peuvent avoir une efficacité réelle qu'autant qu'ils seront protégés eux-mêmes contre un retour offensif des eaux et contre un nouveau débordement de l'Oued-Gafsa. Les indigènes ne reviendront à la culture des parties abandonnées qu'autant qu'ils se sentiront à l'abri de cette redoutable éventualité. Pour parer, dans l'avenir, aux ravages torrentueux qui ont eu lieu il y a vingt-huit ans et qui se reproduisent chaque année sur une plus petite échelle, il faut se préoccuper, avant tout, du régime des eaux et des moyens de le régulariser. Le général Philbert avait tenté déjà de leur opposer, aux points les plus menacés, une digue en terre de 3 mètres de hauteur et 6 mètres de base qui existe encore, mais qui serait certainement insuffisante dans le cas d'une forte crue. Cette digue avait été plantée d'alfa qui a disparu. En 1884, une légère crue a emporté 7 mètres de la pointe sud. Ce qui en reste pourra être conservé, à la condition de l'épaissir et de la consolider par des plantations de tamarix. Les travaux d'endiguement de l'oued consisteront en clayonnages et fascinages qui devront recouvrir et protéger les berges contre l'érosion des eaux et en maintenir les terres de façon à présenter une digue solide aux débordements, travaux ayant une grande analogie avec les endiguements de torrents dans les pays de montagnes. L'oued tend d'ailleurs depuis quelques années à déplacer son lit vers l'est, ce qui serait de nature à faciliter l'exécution des travaux de canalisation. Une somme de 95,000 francs nous paraîtrait nécessaire pour la mise en état complet de défense de l'oasis de Gafsa.

Notre séjour à Gafsa est un de ceux qui nous ont laissé les meilleurs souvenirs. La matinée était employée à la visite de l'oasis. En rentrant on déjeunait à l'ombre des oliviers; au-dessus de nous passaient sans interruption de ravissants oiseaux aux vives couleurs des tropiques, des guêpiers ou chasseurs d'Afrique qui s'abattaient en grandes bandes dans l'oasis et nous offraient le plaisir d'une chasse peu fatigante, mais difficile.

On trouve dans les hautes montagnes des environs de Gafsa, outre la gazelle, l'antilope et le mouflon. Il va sans dire que je ne les cite que pour mémoire, n'ayant pas eu l'avantage de les rencontrer à l'état sauvage. Par contre, j'ai vu à Touzer un mouflon admirablement domestiqué, qui accompagnait le régiment dans ses promenades militaires.

CHAPITRE XVI

DE GAFSA A SFAX. — ROUTE DE GAFSA A EL-AYACHA. — LA CHAINE DE L'ARBATA, SA FORMATION GÉOLOGIQUE — L'OASIS D'EL-GUETTAR. — PROFIL A L'HORIZON DU VASTE PLATEAU MONTAGNEUX DU CENTRE DE LA TUNISIE ; LES DJEBEL OUM-EL-ALEG ET BOU-HEDMA. — MONTAGNES ET RAVINS. — LE DJÉBEL EL-EUCONG ET EL-HAFÉI. — FLORE VARIÉE DES RÉGIONS CALCAIRES. — LES SILEX. — LE GEAI BLEU. — EL-AYACHA ET LE PÉNITENCIER. — LA VALLÉE DU THALA. — LES HAMMÉMA. — LES DOUARS. — VOISINAGE DÉSAGRÉABLE. — LE GOMMIER ET LE DJDARI. — CAMPEMENT AU PIED DU BOU-HEDMA. — LE DJÉBEL MAIZOUNA. — APERÇU DE LA FLORE. — DÉBOISEMENT DU THALA. — LA SEBKHA-EN-NOAIL. — LE PUITS DE SIDI-MOHAMED-NOGGUÈS. — MAHARÈS. — FIN DES RÉGIONS DÉSERTIQUES. — UTILITÉ ET POSSIBILITÉ DE LEUR REBOISEMENT. — ARRIVÉE A SFAX.

En quittant Gafsa, deux itinéraires s'offraient à nous pour regagner Tunis. L'un consistait à remonter directement au nord par Fériana et le Kef, en visitant toute la partie montagneuse limitrophe de l'Algérie; c'était le plus direct; l'autre, à revenir vers l'est, sur Sfax ou Sousse et à y prendre le paquebot ou à rentrer par terre par El-Djem et Kaïrouan. Ce dernier itinéraire, quoique beaucoup plus long, nous permettait de visiter les gommiers de la vallée du Thala et la forêt de Cheba. Ce fut celui que nous adoptâmes, et le vendredi 17, nous quittâmes Gafsa à six heures du matin, nous dirigeant à l'est sur El-Ayacha, à 51 kilomètres de Gafsa.

La route que nous suivons d'abord est celle de Gafsa à Gabès. Elle est, en général, assez apparente et parfois carrossable. En tous cas, elle est bordée sur tout son parcours des poteaux de la ligne télégraphique qui relie ces deux centres. Elle se dirige, au sortir de l'oasis, au sud-est vers la chaîne de l'Arbata, qu'elle côtoie à peu de distance de ses premières assises.

Cette longue suite de montagnes se déroule alors sur notre gauche dans toute sa pittoresque âpreté. Elle paraît résulter d'un soulèvement des couches supérieures du terrain crétacé. Les stratifications, fort apparentes, sont tantôt horizontales, tantôt redressées jusqu'à la verticalité. Leur nuance varie du rouge au brun grisâtre avec des teintes vert pâle, provenant de quelques rampes où croît un peu d'alfa. Les flancs sont raides et abrupts et affectent la forme de murailles couronnées de pics aigus atteignant 1,000 à 1,200 mètres et formant, au loin, une crête dentelée et hérissée d'aiguilles inaccessibles. C'est un site désolé, mais resplendissant d'une sauvage et majestueuse beauté.

L'oasis d'El-Guettar, à 18 kilomètres de Gafsa, est aux pieds des falaises perpendiculaires du Djébel Arbata, le point culminant de la chaîne. Elle est arrosée par seize sources sortant du pied de la montagne à des profondeurs variant de 6 à 12 mètres et conduites dans les cultures au fond de profondes tranchées avec des puits de regard de distance en distance. L'eau est fraîche et excellente. L'oasis s'étend sur environ 3 kilomètres de longueur et une largeur moyenne de 500 mètres, ce qui supposerait une étendue d'environ 150 hectares. Bien irriguée et admirablement abritée des vents du nord, elle est nécessairement très fertile et renferme en mélange des palmiers, des oliviers, des abricotiers, des pêchers, des figuiers et quelques pistachiers.

La ville est petite et entourée d'une triple enceinte de murailles en mauvais état. La population est bienveillante et sympathique. Nous déjeunons chez le cheik, qui met obligeamment à notre disposition sa maison et nous sert le café, que nous dégustons avec lui.

En quittant El-Guettar, la route traverse une plaine d'abord inculte, puis se garnissant de belles cultures d'orge. Peu à peu les montagnes se resserrent tout autour de nous, et nous sommes dans un vaste hémicycle, borné à notre gauche par la suite de la chaîne de l'Arbata, le Bou Hamra, à droite et en avant par des chaînes secondaires dont les points culminants sont les Djébel El-Eucong, El-Athachi, El-Hamra et El-Hafeï.

Au kilomètre 26, nous pénétrons dans la chaîne par une gorge profonde et pittoresque dont les rampes sont couvertes d'alfa ; au kilomètre 28, la gorge se resserre ; à droite des crêtes à dents aiguës et déchiquetées se dressent au-dessus de mamelons à pentes plus douces. Nous longeons et traversons alternativement le lit sinueux et à sec de l'Oued-Ane, puis les contreforts de droite s'abaissent et laissent apercevoir à l'horizon la falaise abrupte et dénudée du Djébel Oumm-el-Aleg, à laquelle fait suite celle du Djébel Bou-Hedma, ce vaste plateau montagneux encore peu connu du centre de la Tunisie, qui limite, au nord, l'immense vallée du Thala et semble le point de partage des eaux entre le sud et la partie centrale de la régence. L'altitude de cette longue chaîne varie de 1,000 à 1,300 mètres. Elle est formée d'assises calcaires régulières et horizontales; les cimes sont dentelées, les flancs paraissent à pic.

Peu à peu notre vallon s'élargit et se couvre d'une belle herbe verte assez haute, au milieu de laquelle de nombreux arbustes épineux se montrent de toute part; le tamarix et le retem croissent abondamment le long de l'oued; puis apparaissent de petits enclos plantés de jeunes figuiers et oliviers, et quelques cultures d'orge.

Entre les kilomètres 37 et 38, la route tourne brusquement à droite et quitte la vallée pour se diriger vers le sud-est dans une gorge du Djébel El-Ong, dont les pentes est et nord sont garnies d'alfa; elle remonte insensiblement sur les flancs de la montagne, puis redescend dans un ravin qu'elle longe jusqu'au kilomètre 47, à travers des versants souvent à pente assez douce, couronnés d'épaisses assises de calcaire.

L'alfa croît abondamment dans toute cette partie de la montagne, où l'on trouve d'ailleurs la flore assez variée des calcaires, le *zeita*, l'*Artemisia alba*, le *romarin*, l'*Ononis longifolia* à fleurs jaunes, le *Reseda arabica*, le *Chrysanthemum coronarium* à fleurs jaunes, le *Statice Thouini* à jolies petites fleurs blanc-bleuâtres disposées en ombelle, l'*Hyacinthus romanus*, le *Bromus rubens* (graminée), etc.

Au kilomètre 47, sur la gauche et à peu de distance de la route sont des abreuvoirs au pied d'une falaise calcaire renfermant d'énormes rognons de silex. Ces rognons, remarquables par leur taille, sont très abondants dans la contrée ; El-Ayacha en fournissait autrefois à toute l'Algérie au temps des fusils à pierre.

La route remonte ensuite pendant 4 kilomètres au milieu de jardins clos de haies de cactus épineux et plantés de figuiers et d'oliviers. On arrive ainsi à El-Ayacha, pauvre petite bourgade entourée d'une muraille, jetée pittoresquement sur le flanc et jusque sur le sommet de ces montagnes roussâtres et dénudées, à 400 mètres d'altitude, au milieu d'une véritable forêt de figuiers de Barbarie. Il est cinq heures du soir ; nos tentes sont plantées au pied de la ville, à l'abri de quelques oliviers. Le vent du nord souffle avec violence et sur ces hauteurs le froid est très vif.

Une compagnie de pénitenciers campe près d'El-Ayacha. On n'aurait pu leur choisir un endroit plus désolé et plus propre à faire pénitence. Les officiers sont installés dans des baraquements en planches qui ne brillent pas par le confortable. Toujours hospitaliers, ils viennent nous offrir de partager leur dîner. Puis nous

nous chauffons au cercle devant un bon feu. Une nuit glaciale nous attend sous nos tentes.

Nous ne quittons El-Ayacha que le 18, à midi; nous n'avons, en effet, qu'une petite étape de 15 kilomètres pour gagner la vallée du Thala, où nous nous proposons de camper au milieu des gommiers. Nous descendons un vallon étroit et tortueux, profondément encaissé dans de hautes montagnes couronnées de pics aigus, aux flancs rocailleux couverts de belles touffes d'alfa. Cette plante est, comme je l'ai dit, très abondante dans tout le plateau montagneux que nous traversons depuis la veille, aussi est-elle exploitée par une compagnie franco-anglaise, qui en a obtenu la concession pour une période de quatre-vingt-dix-neuf ans, sous la seule et unique condition d'expédier chaque année 10,000 tonnes et d'acquitter les droits de douane. Il est regrettable qu'une clause au moins, ne réglemente pas l'époque de la coupe, qui se fait en toute saison, au grand détriment de la reproduction de la plante.

Nous tuons, dans cette vallée, un geai bleu, ravissant oiseau coloré des plus vives nuances.

Au kilomètre 64, nous quittons la route de Gafsa à Gabès, qui suit le ravin vers le sud-est, et par une coupure vers le nord, nous entrons dans la vallée du Thala, entrevue la veille, qui s'allonge aux pieds de l'immense massif rocheux du Bou-Hedma. La plaine, assez verdoyante, se déroule à perte de vue vers l'est, et les premiers gommiers apparaissent. Les indigènes qui la fréquentent sont tous des nomades habitant des douars

LE DJÉBEL BOU-HEDMA DANS LE THALA.

ou villages de tentes et appartenant à diverses tribus et principalement à celles des Beni-Zid et des Hammema. Cette dernière, très peuplée, jouit de la plus détestable réputation. Les récoltes faites, la population du Thala émigre vers le Djérid, laissant ses troupeaux à la garde des pâtres. Les Hammema en profitent pour se livrer à leurs instincts pillards et faire de nombreuses razzias. Les indigènes, à leur retour, exercent sur les troupeaux des Hammema de légitimes représailles; de là une discorde et des coups de fusil continuels entre ces tribus.

A cinq heures, nous dressons nos tentes au milieu de la plaine, à proximité de deux grands douars, où s'agite une nombreuse population. C'est le moment où les chèvres et les moutons revenant du pâturage sont parqués autour des douars pour y passer la nuit sous la garde d'une respectable meute de chiens blancs, véritables cerbères, qui font un vacarme effroyable. Nous sommes bientôt entourés d'une foule de curieux, hommes et enfants demi-nus. Une fillette d'une dizaine d'années s'est glissée dans le nombre, apportant de l'eau dans une peau de bouc; elle est réellement jolie avec ses cheveux en broussaille, ses grands yeux noirs et ses tatouages. Je lui offre une petite pièce blanche. La petite sauvage hésite d'abord, puis la prend avidement et détale comme un lièvre.

Pendant les préparatifs de notre installation nous recherchons dans le sable, au fond de petits trous circulaires, des scorpions jaunes, qui sont fort abondants. Bien que moins dangereux que le scorpion noir, que je n'ai pas rencontré, il n'en serait pas moins très désagréable de poser à nu le pied dessus, et nous prendrons en conséquence nos précautions sous la tente, d'autant plus que la vipère à cornes infeste aussi la contrée. C'est là un hôte peu réjouissant, qui ne se gêne nullement pour grimper la nuit dans les lits et se fourrer sous les couvertures, ainsi que l'affirme, pour l'avoir personnellement éprouvé, M. Largeau dans son voyage au Sahara.

Enfin le cercle des curieux s'éclaircit peu à peu et nous pûmes rentrer et dîner en paix; mais les chiens ne cessèrent de monter bruyamment leur garde et de nous assourdir de leur concert nocturne. Ils poussèrent même la familiarité jusqu'à rôder autour de nos tentes, dont il eût été fort imprudent de sortir. A l'avenir, nous éviterons de camper à proximité des douars.

Le 19 avril, à cinq heures et demie du matin, nous reprenons notre route à travers la vallée du Thala en nous dirigeant au nord-est, vers le Bou-Hedma, qui se profile sur l'horizon à 20 kilomètres environ.

La plaine est couverte de grandes herbes jaunes aux reflets blanchâtres, de touffes de métenam et de jujubiers sauvages. Enfin, les gommiers sont épars sur toute sa vaste étendue, espacés de 50 mètres en moyenne, c'est-à-dire qu'il n'en existe pas plus de quatre par hectare sur une surface de 30 000 à 40 000 hectares au moins.

Le gommier ou *Acacia gummifera* occupe dans le Thala sa station la plus septentrionale en Tunisie.

C'est donc une essence du plus haut intérêt par les services qu'elle peut rendre un jour pour le reboisement des régions désertiques plus méridionales, et notamment des zones d'abri établies autour des oasis en vue de la protection contre les sables. C'est un arbre ne dépassant pas une hauteur moyenne de 8 mètres, à la cime étalée en forme de parasol. Les plus gros que nous ayons vus ne mesuraient pas plus de 0^m,90 à 1 mètre de circonférence. Leur croissance est donc très lente, car leur âge, compté sur la découpe d'une branche principale, est au moins de cent cinquante ans. L'écorce du tronc est à peu près semblable à celle de l'acacia ordinaire; celle des branches est lisse et celle des rameaux d'un rouge prononcé. Ceux-ci sont garnis d'aiguillons blancs, rigides et aigus, longs de 3 à 4 centimètres. La feuille, composée, petite, rappelle celle du févier d'Amérique (*triacanthos*), le fruit est une gousse mince et longue enroulée en spirale. Le bois est de couleur brun-rougeâtre, nuance intermédiaire entre celle du noyer et de l'acajou, avec un aubier blanc jaunâtre; c'est un bois très dur, à couches concentriques serrées, et susceptible d'un beau poli, ce dont nous avons pu juger à El-Ayacha, où le gommier a été utilisé pour construire des baraquements, fabriquer des bancs, des chaises, etc. Ce serait, en resumé, un très bon bois d'industrie et de travail.

Il est propable que toute cette vallée ne formait autrefois qu'une immense forêt de gommiers qui se sont éclaircis peu à peu sous les déprédations des indigènes et sous l'action dévastatrice du pâturage. Le Thala est, en effet, comme je l'ai dit, le lieu de parcours de nombreuses tribus nomades qui y coupent sans frein tout le bois dont elles ont besoin, et dont les troupeaux broutent toute la végétation et particulièrement les bourgeons et les rameaux épineux des gommiers. Le chameau atteint aisément les pousses du sommet, et c'est à cet abroutissement qu'il faut attribuer le peu de hauteur des cimes et leur forme en parasol. Quant aux jeunes plants provenant de semis naturels ou de rejets de souche, les chèvres ne leur permettent guère de s'accroître et de se développer. Il en résulte que les vieux arbres disparaissant peu à peu sous la main de l'homme et les jeunes sous la dent du bétail, il ne restera rien, à la fin, de cette précieuse essence dont le maintien serait cependant si utile pour empêcher que la vallée du Thala ne devienne, par le déboisement, comme ses sœurs du sud, une succursale du Sahara.

A mesure que nous avançons vers le Bou-Hedma, les montagnes de droite, le Sidi-Mansour et le Ben-Khreit, s'abaissent graduellement et finissent par se confondre, au sud, avec l'horizon, où apparaît bientôt comme une ligne brillante la Sebkha-en-Noaïl, sorte de petit chott intérieur de 6 à 8 kilomètres de largeur et 30 environ de longueur, où l'Oued-Bou-Hedma, aujourd'hui à sec, déversait autrefois ses eaux.

Au pied de la grande chaîne, au nord, nous distinguons avec une forte jumelle des débris de ruines romaines, des colonnades que le temps ne nous permet pas d'aller explorer, peut-être les restes d'un temple ou des thermes, qui dénotent, en tous cas, que dans l'antiquité cette région était peuplée et prospère.

Le gibier abonde dans cette vallée, où il trouve dans les grandes herbes et quelques cultures d'orge abri et nourriture ; les lièvres et surtout les gazelles s'y montrent en abondance. Des aiglons se lèvent à bonne portée, mais ne paraissent pas faire grand cas de notre plomb. Nous nous rabattons sur des cailles et des tourterelles qui auront du moins le mérite de faire très bonne figure au dîner. Nous recueillons aussi un caméléon, saurien de $0^m,30$ à $0^m,40$ de longueur de la tête à la queue, aux mouvements lents, et tout à fait inoffensif.

A onze heures du matin, nous arrivons au pied de la haute montagne du Bou-Hedma, qui domine toute la chaîne. Une gorge étroite pénètre entre les flancs nus et escarpés de la masse calcaire dont les parois abruptes sont formées de couches stratifiées bizarrement tourmentées et les crêtes hérissées de pics aigus. Cette partie de la falaise contient, paraît-il, de l'or dont la présence a été constatée par M. Fuchs, ingénieur des mines, et qui aurait été autrefois l'objet d'exploitations dont on trouve encore des traces. Le Bou-Hedma passe pour avoir 1 300 mètres d'élévation. Ce serait, dans ce cas, le point culminant du centre de la Tunisie.

Notre campement est installé à l'entrée de la gorge, sur les bords de l'oued, où coule une eau légèrement saline et où croissent en abondance des tamarix et des gommiers à l'ombre desquels sont plantées nos tentes.

L'eau de l'oued, qui pourrait irriguer la vallée et y porter la fertilité, se perd sans profit dans les sables à peu de distance de l'entrée de la gorge. Plus haut, sur le flanc de la montagne, jaillit une source d'eau fraîche et agréable dont nous nous approvisionnons.

L'après-midi est consacrée au repos, dont tout le monde, hommes et bêtes, savoure à l'envi la jouissance, car chacun est visiblement fatigué, et la chaleur, jusqu'ici supportable, commence à augmenter. L'entrain général s'en ressent et en particulier l'humeur de notre cuisinier, qui commence à se lasser du mode de locomotion qu'il a choisi. Notre homme a élu domicile sur celui des dromadaires dont l'allure lui a paru présenter le moins de balancement; mais le propriétaire de la bête, constamment privé de sa monture et réduit aux seules ressources de ses jambes, se venge à sa façon, en dirigeant son quadrupède le plus près qu'il peut des gommiers, à la grande fureur de notre Marseillais qui, plusieurs fois maltraité par les branches et leurs piquants, jure qu'il exterminera à lui seul les cinq Arabes. Un conflit menace à tout moment d'éclater dans le personnel du convoi, et nous sommes obligés, pour le prévenir, de déployer toute la diplomatie dont nous sommes capables.

Le 20 avril, à cinq heures et demie du matin, nous reprenons notre marche vers l'est, en côtoyant à gauche, au pied de la chaîne, le Djébel Douara, dont la hauteur s'abaisse graduellement jusqu'au Djébel Maïzouna, pic conique aigu qui la termine brusquement. La plaine s'élargit alors vers le nord à perte de vue, tandis qu'au sud elle est limitée à l'horizon par la Sebkha-en-Noaïl, dont nous nous rapprochons peu à peu. Jusqu'à la hauteur du pic de Maïzouna, la vallée présente les mêmes aspects que la partie parcourue la veille, mais les gommiers s'espacent de plus en plus et un nouvel arbuste s'y montre en abondance, c'est le djdari (*Rhus dioica*, famille des térébinthacées), à la feuille d'un vert noir luisant, formant de grosses touffes épineuses comme celles du jujubier sauvage. Les indigènes utilisent l'écorce et la racine du djdari pour le tannage, industrie qui pourrait être avantageusement développée par la culture de cet arbrisseau dans le Thala.

En avançant, la plaine devient plus aride, les gommiers disparaissent et avec eux les dernières touffes de jujubiers et de djdari; nous approchons de la Sebkha-en-Noaïl et nous voyons reparaître les plantes caractéristiques du voisinage des chotts, de belles touffes de zeita en fleur, le chichh (*Artemisia alba*), le hhadh (*Cornulaca monoacantha*), arbuste très épineux, dénotant ordinairement la présence d'une source à peu de profondeur; enfin, deux salsolacées, le remet et le sagel.

Nous passons à la pointe nord-est de la Sebkha, dont les bords sont couverts de beaux cristaux de gypse scintillant au soleil, puis nous gravissons de longs coteaux à pente douce, à sol pierreux et rocailleux, à végétation maigre et souvent nulle; dans quelques dépressions cependant se trouvent des traces de culture.

Ce pays, par suite du manque d'eau, est aride et à

peu près stérile. Le gibier, si abondant dans le Thala, y disparaît. Nous tuons cependant un lièvre près de la Sebkha, mais ce n'est plus le petit lièvre gris du sud; il ressemble au lièvre ordinaire de France; il est de petite taille avec des oreilles démesurément longues.

A trois heures, après une course de 40 kilomètres par une journée chaude, heureusement tempérée par un vent assez vif du nord-est, nous arrivons au puits de Sidi-Mohamed-Nogguès, où nous campons. L'eau est fraîche et agréable.

Le 21 avril, vers cinq heures du matin, nous continuons à monter des coteaux de plus en plus élevés vers l'est, au sommet desquels nous découvrons la mer d'un bleu sombre à l'horizon. De loin en loin, quelques champs d'orge ou de blé mettent des taches d'un vert clair sur les ondulations grises et monotones de l'immense plaine où reparaissent l'alfa et le cbeït. Plusieurs troupes de gazelles se lèvent et disparaissent au loin; mais nous avons renoncé depuis longtemps à la chasse à courre, qui demanderait des chevaux plus frais que les nôtres. En outre, le sol, dans les parties où le sable domine, est couvert de petits monticules criblés de trous, habités sans doute par des colonies de rongeurs, et où les pieds de nos montures s'enfoncent quelquefois profondément. J'ai vu s'y engouffrer, à l'approche de nos chevaux, plusieurs vipères et un autre reptile que je n'ai pas eu le loisir d'examiner, mais qui m'a paru de la grosseur du poignet et de 1 mètre au moins de longueur. Je suppose, sans pouvoir l'affirmer, que c'est le nadja, serpent venimeux des plus dangereux, qui fréquente, dit-on, ces parages.

A onze heures, nous faisons halte pour déjeuner à la rencontre de la route en terrain naturel, bordée d'une ligne télégraphique de Gabès à Sfax, et nous la suivons jusqu'à Maharès, dans la direction du nord-est. En approchant de la mer, l'alfa et le cbeït disparaissent et sont remplacés par de maigres touffes de zeïta, de remet et de sagel.

Enfin, Maharès nous apparaît au nord sur le bord de la mer, derrière des terrains sablonneux et bas envahis par les eaux aux grandes marées. Vers l'ouest, on découvre quelques taches de verdure et des silhouettes de palmiers. Nous arrivons à deux heures, après une étape de 44 kilomètres.

Maharès, occupé en 1881 par l'armée française, est une pauvre petite bourgade où l'on voit encore une vieille forteresse d'origine sarrasine. Les habitants se livrent à la pêche ou à la coupe de l'alfa, qu'ils conduisent à Sfax. On y fabrique aussi des nattes en roseaux et quelques objets de sparterie.

Notre convoi nous suit de près. Il a fait en route la capture d'une jeune gazelle à qui on cherche de suite une chèvre pour nourrice. Comme nous approchons du terme de l'expédition, on adopte l'orpheline, qui voyagera dans un panier d'alfa capitonné le mieux possible, en compagnie de maître Jouve. Les nourrices ne manqueront pas le long de la route.

Nous quittons Maharès le 22 avril, à quatre heures

du matin, en remontant vers le nord-est et en longeant la côte. Nous traversons une longue plaine couverte d'alfa en touffes serrées et vigoureuses, entremêlées, par places, de cbeït et de diss du Sahara, bien gazonnée d'ailleurs jusqu'à la mer et ne présentant que de rares cultures d'orge ou de blé.

A dix heures, nous sommes en vue de Sfax, dont le mur d'enceinte apparaît brillant sur le fond bleu de la mer; nous traversons pendant une heure des jardins plantés d'oliviers, de mûriers, de pistachiers, au milieu desquels s'éparpillent confusément des maisons arabes dont la blancheur tranche sur le ton vert sombre de cette véritable forêt, site plein d'ombre qui produit le plus agréable contraste avec les déserts que nous venons de parcourir. Nous entrons à Sfax à onze heures, après une course de 32 kilomètres, et nous descendons à l'hôtel de *France*, d'installation toute récente.

Avant de quitter les régions désertiques que nous venons de visiter, il ne me paraît pas sans intérêt de dire quelques mots de la possibilité de les reboiser, au moins en partie. Les zones de protection des oasis que j'ai conseillé seulement de gazonner au début, pour arrêter la désagrégation du sol et la marche des sables, pourront ultérieurement être couvertes d'une végétation forestière qui assurera beaucoup mieux la fixation et rendra au pays de grands services. Des essais sur une petite échelle pourront et devront même être tentés lors de l'exécution des travaux.

Nous venons de voir que le gommier croît spontanément dans la vallée du Thala ; c'est là un indice précieux, car tout permet de supposer qu'il réussirait tout aussi bien dans les vallées plus méridionales du Djérid ou des Nefzaoua, dont le sol ne diffère pas sensiblement de celui du Thala. On peut donc espérer que cette essence pourra être plantée avec succès autour des oasis, sinon sur les dunes, au moins dans les fonds.

D'autres variétés d'acacias australiens, assure M. Largeau, d'après des renseignements de M. Ramel, l'infatigable propagateur des arbres exotiques en Algérie, conviendraient pour le reboisement des pentes des vallées ou autres terrains secs ; ce sont le *Cyanophylla*, le *Leiophylla*, le *Steaphylla*, qui se multiplient comme le chiendent et le *Lophanta*, que Burke sema en Australie pour servir de nourriture à ses chameaux. Il suffirait, d'après M. Ramel, de jeter sur le sable, à l'époque des pluies, les graines de ces arbres que leur écorce coriace défend suffisamment contre les insectes.

Dans les parties voisines des chotts, où les terrains sont salés, on pourrait introduire avec succès l'*Eucalyptus oleosa* et les *Casuarina*.

Enfin, M. Largeau recommande aussi pour les dunes différentes variétés de pins, le pin d'Alep et peut-être le pin maritime. Je suis tout disposé à admettre comme probable la réussite du pin d'Alep, qui s'accommode volontiers des régions chaudes et des sols à base calcaire, mais qui préfère les sols compactes aux alluvions. Quant au pin maritime, son succès dans la région me semble plus que douteux. Il résistera difficilement aux chaleurs et aux sécheresses prolongées de ces régions dont le sol, fortement chargé de calcaire, lui est absolument contraire. Le pin maritime recherche, en effet, de préférence les terres légères et les sables siliceux.

Enfin, parmi les arbustes on devra essayer de propager le jujubier sauvage et le djdari ; le lentisque (*Pistacia lentiscus*) et le phylaria (*Phyllirea*) réussiraient peut-être.

GRANDE MOSQUÉE DE KAIROUAN (VUE EXTÉRIEURE)

CHAPITRE XVII

SFAX. — INDUSTRIE ET COMMERCE. — LES JARDINS. — CULTURE DE L'OLIVIER. — LE PÊCHER, LE PISTACHIER.

Comme toutes les villes arabes de la côte, Sfax est bâtie en amphithéâtre sur une colline et entourée de hautes murailles crénelées formant un carré long. A distance et en plein soleil, l'œil ne distingue qu'une masse blanche surmontée de minarets. En approchant, on aperçoit une agglomération de maisons bizarrement entassés et pressées les unes contre les autres. Près du quai d'embarquement, sont des constructions modernes, les bureaux du vice-consul de France, ceux de la Compagnie transatlantique, une chapelle catholique, le cercle des officiers, etc. C'est la partie, en dehors du mur d'enceinte, qui tend à s'agrandir et à se développer. On pénètre dans la ville arabe par deux portes, celle du quartier franc au nord, donne accès dans une rue assez large, bordée de cafés et de boutiques où habite la population juive ou européenne, l'autre, au sud, s'ouvre du côté des jardins. L'intérieur de la ville présente un dédale de ruelles sombres, étroites et sales. On y voit des souks où se fait un commerce actif des denrées les plus diverses : huiles, laines, dattes, amandes, pistaches, figues, raisins secs, cumin, poulpes et céréales, goudrons, cordages en sparterie, tissus de laine et de soie, pantoufles arabes renommées, objets de sellerie, d'orfèvrerie, etc.

Il existe à Sfax diverses branches d'industrie donnant naissance à un mouvement d'exportation considérable et justifiant la création d'un port de commerce qu'on doit commencer à bref délai. Ce sont, en première ligne, les éponges, dont la pêche a une grande importance sur la côte; en seconde ligne, l'alfa, qu'on y amène de très loin et même de Gabès; celui de la plaine est plus estimé que celui de la montagne, parce qu'il est plus long et propre à la fabrication des cordages. Les huiles d'olive, qui sont de première qualité, s'exportent également sur une vaste échelle.

Le tannage des peaux se pratique dans une usine que nous avons visitée. La manipulation est très longue et très compliquée. L'alun y joue un rôle important; les mauvaises figues y trouvent aussi leur emploi. On obtient la coloration des cuirs en rouge par l'écorce du djdari, et en jaune par le mélange en proportions diverses de l'écorce du grenadier et de la capsule de sa fleur desséchée.

On fabrique aussi, à Sfax, diverses espèces de goudron avec du bois de pin d'Alep et du thuya, dont il existe d'importants massifs à l'ouest de Kairouan. Le pin d'Alep n'en fournit qu'une seule qualité qui sert à goudronner les cordages des navires; le thuya en donne trois différentes, dont la première est également utilisée pour les cordages, et les deux autres, de valeur inférieure, servent à enduire, pour les préserver des insectes, les chameaux employés aux transports.

La fabrication en est simple : elle consiste à carboniser en terre le thuya dans des vases en grès. Le premier produit extrait fournit le goudron de première qualité. Une seconde cuisson du résidu donne les goudrons de deuxième et de troisième qualité. Leur valeur est de 75, 54 et 15 francs la tonne, mais la main-d'œuvre et les frais de manipulation sont très élevés. C'est une industrie qu'il serait en tous cas urgent de réglementer, car elle cause la ruine des massifs de thuyas, qui sont impitoyablement saccagés par les fabricants de goudron.

Les jardins de Sfax sont certainement de beaucoup plus intéressants que la ville, à laquelle ils forment une vaste ceinture dont l'épaisseur atteint, sur certains points, 12 kilomètres. L'olivier en est l'arbre par excellence; mais certains autres fruitiers y prospèrent également, ce sont le pêcher, l'abricotier, l'amandier et le pistachier. La culture de ces jardins est remarquable. Ils ne sont point arrosés comme les oasis, et la pluie est fort rare. On supplée à l'eau par la culture, partant de ce principe que deux binages valent un arrosage. Ici, point de métayage, point de khammès; les défoncements, et c'est un fait peut-être unique en Tunisie, sont faits par des ouvriers travaillant à la journée; la main-d'œuvre, relativement à bon marché, varie de 3 à 5 piastres (de 1 fr. 80 à 3 francs). Les résultats obtenus sont merveilleux.

L'olivier se plante et fructifie de très bonne heure : à l'âge de trois ans, on en obtient 3 litres d'olives; à six ans, 6 à 7 litres; à huit ans, 27 litres; à vingt-cinq ans, 370 litres, chiffre que ne dépassent guère les plus vieux oliviers. Il faut, en moyenne, 15 litres d'olives pour 1 litre d'huile qui vaut à Sfax 75 centimes. Le gouvernement tunisien vend actuellement des terrains autour des jardins de Sfax à raison de 22 francs l'hectare; les frais de culture et de taille d'un olivier sont évalués, par an, à 50 centimes en moyenne. L'élevage de l'olivier serait, dans ces conditions, suffisamment rémunérateur sans l'impôt qui le frappe comme le palmier, savoir : 40 centimes par arbre au-dessous de dix ans et 50 centimes au-dessus. Il existe encore autour des jardins actuels une vaste surface de terrains de bonne qualité, susceptibles d'être plantés. Ce sont des sables reposant sur une couche calcaire, plus propre à une culture arbustive qu'à la culture maraîchère, qui exige de l'eau. Il y a donc certainement autour de Sfax les éléments d'une importante colonisation par la seule culture de l'olivier.

Le pêcher produit à Sfax des fruits savoureux et si abondants qu'une charge de chameau de pêches ne se vend pas plus de 2 piastres (1 fr. 20). Les amandes y sont délicieuses. Le pistachier y réussit également bien ; sa culture ne présente d'ailleurs rien de particulier, si ce n'est que la fécondation, comme pour le palmier, se fait artificiellement par la dissémination du pollen de la fleur mâle sur la fleur femelle. On trouve encore dans les jardins des plantations de mûriers et de la vigne. On y cultive aussi le fenouil, dont on fabrique une eau-de-vie très forte.

Enfin, on y récolte en quantité des roses et des géraniums qui servaient à faire l'essence de roses avant que les droits élevés mis sur l'exportation de ce produit n'aient complètement arrêté cette industrie.

Sfax a été construite, dit-on, entre le deuxième et le troisième siècle de l'hégire avec les matériaux provenant des ruines romaines de Thina et de Taphrura. Le chiffre de sa population est encore peu connu, on l'évalue à 30,000 âmes. Bombardée le 15 juillet 1881 pas l'escadre française, elle opposa une vive résistance. Il fallut les énormes projectiles des canons de 24 et de 27 de nos cuirassés pour démolir les fortifications et permettre le débarquement ; une partie des édifices fut détruite et chaque maison de la ville arabe dut être enlevée d'assaut. Elle fut occupée le jour même après ce brillant fait d'armes.

GRANDE MOSQUÉE DE KAIROUAN (VUE INTÉRIEUR).

CHAPITRE XVIII

DÉPART DE SFAX. — LE PAYS DES METELLIT. — LE CAROUBIER. — DJÉBILIANA. — LES HAIES DE CACTUS ÉPINEUX. — MELLOULÈCHE ET CHEBA. — LA FORÊT DE LENTISQUES DE CHEBA ET LES DUNES. — LE GOURBET. — EXPLOITATION DE L'ALFA.

Le 24 avril, à sept heures du matin, après avoir non sans peine chargé les chameaux dans une étroite ruelle à la porte de la maison occupée par notre personnel, nous nous mettons en marche à travers les rues sombres et tortueuses de la vieille ville arabe; le peu de largeur des voies ne permettant pas d'aller deux de front, nous suivons à la file, tous pêle-mêle, comme nous pouvons.

Nous traversons les souks où fourmille déjà une population de vendeurs et d'acheteurs à travers laquelle nous avons peine à nous frayer passage et qui regarde d'un air ahuri et sans se déranger le défilé de notre interminable convoi. Il me souvient avoir vu des cirques exhibant ainsi dans les rues de nos villes tout leur personnel, gens et bêtes. Ici, c'est nous qui sommes le cirque.

Enfin, nous sortons par la porte du Sud et nous trouvons de l'espace pour nous ranger et nous compter. Nous constatons, à regret, que pendant le trajet un de nos guides a profité de l'encombrement pour disparaître. On se met à sa recherche, et ce n'est pas sans peine qu'on retrouve le fuyard, qui sera désormais gardé à vue.

Il est près de neuf heures lorsque nous arrivons aux jardins de Sfax, que nous traversons dans des chemins bordés de hautes levées en terre, plantées à leurs sommets de cactus épineux qui forment des clôtures impénétrables. Nous nous dirigeons droit au nord sur Djébiliana.

Au sortir des jardins se déroule une longue plaine avec la mer à droite et des bouquets d'oliviers à gauche. Les cultures d'orge et de blé alternent avec l'alfa; à mesure qu'on s'éloigne de Sfax, l'alfa diminue; le sol devient pierreux et la végétation désertique reparaît par places, le chiehh, le genêt, le cbeït et le metenam, ce dernier très abondant, que l'on vient chercher de loin à dos d'âne pour le chauffage. Le pays que nous traversons est celui de Metellit, forte tribu qui s'étend au nord de Sfax jusqu'à El-Djem. Nous déjeunons à l'ombre d'un des six caroubiers épars au milieu de cette plaine, puis nous traversons Sidi-el-Reib, pauvre hameau entouré d'assez beaux jardins d'oliviers, clos d'épais remparts de figuiers de Barbarie. A notre gauche s'étendent de nombreux bouquets d'oliviers et à droite de petits massifs de caroubiers.

A propos de cet arbre, dont je n'ai encore rencontré quelques sujets que dans l'oasis de Gafsa et qui paraît malheureusement rare en Tunisie, au moins dans la partie que j'ai visitée, je ne puis résister au désir de citer un article de M. Ph. Bonné, professeur au collège français-arabe d'Alger, publié dans le tome VI de la *Revue des eaux et forêts*, année 1867. Les usages du caroubier et de son fruit en particulier sont tellement nombreux et variés qu'on ne saurait trop les divulguer et trop pousser à la propagation de cette essence.

« Le caroubier (*Ceratonia siliqua*) ou arbre des lotophages est un des végétaux les plus beaux et les plus utiles de la flore algérienne (olivier, figuier, jujubier). Fleurs rouges et purpurines sur la partie nue des branches et rameaux, et même sur le tronc, disposées en grappes; feuilles ailées sans impaires, dures, luisantes et d'un vert intense; elles sont composées de 6-14 folioles et renferment une substance astringente qui permet de les utiliser dans l'industrie. Le fruit, la caroube (*kharrouba, kharrab* en arabe), est une silique ou gousse très analogue à la fève ordinaire, longue, épaisse, courbe, charnue à l'intérieur. Avant sa maturité, elle est d'un goût acerbe et astringent; ses usages sont innombrables : moulue et pilée, on la mélange à la farine pour faire du pain ; on en retire une eau-de-vie d'un goût sucré et agréable ; le fruit peut remplacer le café ; la pulpe sert pour la préparation des confitures, sorbets ; utilisé en pharmacie (looch de rhubarbe) ; tous les animaux domestiques le recherchent et le mangent avec avidité ; on peut extraire de la graine une couleur d'un jaune éclatant, employée pour la teinture des étoffes de prix ; enfin, il fournit une gomme analogue à celle du cerisier et de l'acacia des pays exotiques. Le caroubier est d'une fécondité extraordinaire. En Espagne, on récolte 1,380 kilogrammes de caroubes sur un seul pied ; tous les pays qui avoisinent la Méditerranée en recueillent des quantités considérables (Crète, Chypre). Il existe plusieurs variétés de caroubiers : le Rocha, le Casada-Rocha, le Del Pomell, le Matalafera, l'Hermaphrodite, le Negrito, le Cochar. Il est originaire d'Orient, apporté par les Arabes sur les côtes d'Afrique et en Espagne ; se développe naturellement sur le littoral de la Méditerranée (Syrie, Égypte, Tunisie, Algérie, Espagne). Il fleurit en automne et une partie de ses feuilles tombent non en hiver, mais au printemps. L'Algérie en est couverte. Il se plaît sur les coteaux et les ravins, compagnon inséparable de l'olivier ; tous les terrains lui conviennent, excepté ceux trop humides ; aime les collines au midi, à sol calcaire, alumineux ; croît très bien dans les terrains siliceux, mais y fructifie peu ; se reproduit par marcottes et boutures, mais mieux par semis. En Algérie et généralement dans tous les pays chauds, le semis des graines doit se faire dans les premiers jours d'automne; dans aucun cas il ne doit se faire en hiver; le vent, le froid et l'excès d'humidité feraient périr la graine. La plantation du jeune plant de caroubier doit se faire dans la même saison. Le caroubier naît toujours sauvageon, c'est à la pépinière qu'il faut le greffer; la meilleure greffe est celle à œil dormant ou écusson. Si le sujet est un caroubier mâle, ce qu'on reconnaît aisément à la couleur des feuilles, on conserve une branche et on greffe les autres de femelles; s'il est femelle, on pose une seule greffe mâle. Cet arbre est, en effet, dioïque quoiqu'il y ait des pieds polygames ou monoïques. »

Nous passons près d'une vieille tour ronde en ruine paraissant d'origine espagnole et qui gardait sans doute un puits aujourd'hui comblé. C'est l'emplacement de l'ancienne ville de Bida. Non loin de là, nous entrons dans des champs plantés d'oliviers espacés de 20 mètres, sous lesquels on trouve quelques cultures d'orge ou de luzerne. Ce sont les jardins de Djébiliana, village de pauvre apparence malgré la belle végétation qui l'entoure. Il est trois heures de l'après-midi et l'étape a été de 35 kilomètres.

Nous campons dans un terrain ombragé de quelques caroubiers et clos d'une haie haute et touffue de cactus épineux. Cette plante prend ici un développement colossal. Elle atteint jusqu'à 4 et 5 mètres de hauteur et quelques-unes de ses feuilles, hérissées de piquants, mesurent près de 1 mètre de longueur sur une largeur de 30 à 40 centimètres.

Nous levons le camp le lendemain, 25 avril, à cinq heures, et continuons à remonter au nord-est en nous dirigeant sur Cheba, qui occupe la pointe la plus orientale de la Tunisie; comme la veille, nous traversons un pays plat couvert à perte de vue d'alfa, entrecoupé de champs d'orge ou de blé avec de nombreux bouquets d'oliviers. Nous laissons à gauche deux douars très peuplés et entourés d'immenses troupeaux de chèvres et de moutons, dont les chiens, comme d'habitude, viennent nous assourdir de leurs aboiements et sauter aux jambes ou à la tête de nos chevaux. Des vestiges de ruines romaines apparaissent de tous côtés.

Les nombreux massifs d'oliviers épars au milieu du pays des Mettellit sont des propriétés restées sans culture pendant dix ans, qui, en vertu de la loi musulmane, ont fait retour au bey. D'après cette loi, tout individu qui rend une terre productive en la cultivant, qui la vivifie, qui la rend *vivante*, en devient le légitime propriétaire; mais s'il la laisse ensuite dix ans sans la cultiver, le bey en reprend possession. La récolte des olives est abandonnée aux habitants de la contrée, moyennant payement de sa valeur, d'après une estimation faite par les agents du fisc. Cette redevance a été, en 1884, de 40,000 piastres (24,000 francs). Il est douteux que ce mode de perception soit exempt de fraude et que le trésor beylical y trouve son compte.

La plaine est de plus en plus cultivée et fertile. On y voit de nombreux puits et des mares, de vastes champs d'orge, de blé, de fèves, et de l'alfa très fin en touffes serrées et compactes. Nous traversons le petit bourg de Melloulèche, entouré de jardins clos de fortes haies de cactus épineux; des débris de colonnes romaines sont épars au milieu des ruines d'une mosquée dont elles faisaient partie. Nous approchons de Cheba, qui est caché derrière un rideau d'oliviers; le lentisque et le cyste de Montpellier commencent à se montrer au milieu des alfas en petites touffes abrouties par le bétail.

Nous arrivons à onze heures à Cheba, village moitié arabe, moitié espagnol, en grande partie en ruine, entouré de nombreuses plantations d'oliviers sous lesquels nous installons nos tentes. La distance parcourue le 25 a été de 29 kilomètres.

Après le déjeuner, nous allons visiter la partie du littoral qui s'allonge du sud-est au nord-ouest à partir du Bordj-Khradidja, pointe de terre la plus orientale de la côte. Cette zone, qui s'étend tout le long du rivage entre la forêt de Cheba et la mer, est inculte et couverte seulement d'une maigre végétation herbacée où l'alfa domine. Le sol y est formé d'un sable calcaire provenant de la décomposition du sous-sol sous l'action du vent et du pâturage. Sur certains points, il est complètement nu et mobile et présente des taches blanches qui, à distance, paraissent des dunes. Ces taches se garnissent d'ailleurs spontanément de la plante par excellence de fixation des sables, le gourbet, oyat ou roseau des sables (*Calamagrostis arenaria*) qui a joué un rôle si important dans la fixation des dunes du golfe de Gascogne. Ce précieux auxiliaire, que nous n'avons pas trouvé sur le littoral de Gabès, croît ici avec assez de vigueur et prendrait rapidement possession de toutes les parties mobiles, si elles étaient à l'abri des ravages du bétail.

La côte, au surplus, est une falaise calcaire peu élevée, avec rochers à fleurs d'eau tout le long de la plage ; il n'y a donc pas d'apport direct de sable et, par conséquent, on n'a pas à craindre la formation de ces hautes dunes provenant des débris rejetés par la mer. Il suffirait de laisser se gazonner les taches blanches, en y aidant, au besoin, pour que tout danger de ce côté fût écarté. La situation d'ailleurs n'a rien aujourd'hui de menaçant et ne mérite pas qu'on s'y arrête.

Quand nous rentrons au campement le soir, à l'heure du dîner, nous constatons à regret que la discorde règne de plus en plus entre cuisinier et chameliers. L'Arabe a sans doute recommencé avec les caroubiers et les oliviers la mauvaise plaisanterie des gommiers, et maître Jouve, de plus en plus irascible, est en train de déverser sur lui dans le plus pur accent de Marseille, toute une litanie de menaces et de malédictions. La guerre civile est prête à éclater. Il faut, cette fois, plus que de la diplomatie pour prévenir une catastrophe. Il faut faire acte d'autorité. Nous renvoyons le noir à ses chameaux et le cuisinier à son dîner, ce qui est très nécessaire, car nous avons grand' faim. Or la soupe ne cuit pas et le rôti brûle.

Le lendemain matin, 26, nous partons à cinq heures pour El-Djem. Nous traversons d'abord dans sa plus grande dimension, c'est-à-dire de l'est à l'ouest, la forêt de Cheba, vaste massif boisé d'environ 15.000 hectares, le seul à peu près de la région, et par cela même d'une importance capitale. Elle est située à l'ouest de Cheba et affecte la forme d'un quadrilatère de 22 kilomètres de longueur sur 7 de largeur. Le peuplement consiste en touffes de lentisques atteignant 3 à 4 mètres de hauteur et de 10 à 20 mètres de circonférence. Le lentisque repousse très vigoureusement de souche et forme des taillis de bois de feu et de charbon d'excellente qualité. Les touffes, quelquefois assez rapprochées, sont le plus souvent très espacées, et les intervalles qui les séparent sont converts d'alfas ou d'un peu d'herbe que broutent les chèvres et les moutons; quelques oliviers sauvages et quelques thuyas, également à l'état de broussailles, et abroutis par les bestiaux, croissent en mélange sur divers points avec les lentisques. Le sol est le plus souvent sablonneux, quelquefois pierreux avec couches de calcaire compacte à la surface.

La forêt est littéralement au pillage; outre les troupeaux qui ruinent le peuplement, on y coupe partout et en toute saison du bois, qu'on carbonise sur place en petites meules dont on transporte le charbon à Mehedia et à Monastir. Elle se prêterait d'ailleurs très bien à un aménagement qui permettrait de régulariser les exploitations et fournirait à la consommation locale tout le charbon dont elle aurait besoin. On mettrait en défens les jeunes coupes et on assurerait ainsi la reproduction gravement compromise sur tous les points par le désordre actuel.

La partie centrale du massif est encore assez bien garnie de cépées vigoureuses suffisamment serrées et sans trop de clairières, mais les lisières sont déchiquetées de grands vides dont les uns sont cultivés en orge et les autres peuplés d'alfa.

Cette plante donne lieu, dans la forêt de Cheba, à une exploitation sur une grande échelle. Voici comment elle se pratique : un ouvrier tient dans la main droite un petit morceau de bois autour duquel il enroule en spirale la partie supérieure des feuilles qu'il arrache de leurs gaines par une secousse, sans léser les racines. L'alfa est ensuite empilé et façonné en bottes de $0^m,30$ à $0^m,40$ de tour sur $0^m,70$ de longueur, du poids moyen de $4^k,500$. Un ouvrier peut faire vingt-cinq bottes dans sa journée. Il a donc récolté 112 kilogrammes d'alfa, qui vaut, embarqué à Sfax, 11 francs le quintal. Le salaire de l'ouvrier est donc bien minime.

Ici encore, comme je l'ai déjà fait remarquer, la coupe à cette époque de l'année est désastreuse, car l'alfa est en fleur et la graine manquera pour la reproduction. En outre, l'ouvrier évite avec soin de couper aussi les touffes du *Lygeum spartium*, car celui-ci se fane, se dessèche promptement et n'a aucune des qualités du véritable alfa ; on favorise ainsi la reproduction de ce faux alfa qui, resté seul maître du terrain, s'y développe et s'y reproduit au détriment de son congénère.

Au sortir de la forêt nous gravissons des coteaux à pentes douces où croissent encore quelques touffes de lentisques. Ces collines sont entrecoupées de larges vallées cultivées en orge et en blé, avec des jardins d'oliviers épars sur tous les points.

Enfin, du sommet d'un dernier monticule nous découvrons à l'horizon une masse sombre rectangulaire qui se profile au loin sur le ciel sa silhouette monumentale. C'est l'amphithéâtre d'El-Djem, un des restes les plus grandioses de la domination romaine en Afrique. Nous y arrivons à quatre heures, après une étape de 51 kilomètres, par une journée chaude avec vent léger du sud. Nous campons près du village en face des arènes, que notre premier soin est d'aller visiter pendant les préparatifs de l'installation.

AMPHITHÉATRE D'EL-DJEM.

CHAPITRE XIX

EL-DJEM. — L'AMPHITHÉATRE. — L'ANCIENME THYSDRUS. — L'OUED-CHÉRITA ET LE PUITS DE SIDI-AHMER-BOUZID. — LA SEBKHA SIDI-EL-HANI. — L'OUED-ZÉROUD. — KAIROUAN. — COMMERCE ET INDUSTRIE. — LA GRANDE MOSQUÉE ET LA MOSQUÉE DU BARBIER.

L'amphithéâtre d'El-Djem, édifice gigantesque, a des proportions plus vastes que celles des arènes de Nîmes et passe, après le Colisée de Rome, pour le plus colossal des monuments de ce genre. Le pourtour décrit une ellipse dont le grand axe extérieur mesure 162 mètres, et le petit axe 118. Les deux axes intérieurs mesurent : le grand, 108 mètres, le petit 64. L'épaisseur totale des murailles est donc de 54 mètres. Le cirque se composait de cinq étages de gradins dont le premier est aujourd'hui presque complètement enfoui sous le sable et les décombres ; le second et le troisième étages sont encore très bien conservés ; le quatrième et le cinquième se réduisent à peu près au mur extérieur. La hauteur totale de l'édifice encore debout est de 33 mètres ; l'amphithéâtre est extérieurement décoré de soixante-quatre arcades, séparées par des colonnes d'ordre composite au premier et au troisième étages, d'ordre corinthien au deuxième. Tout l'édifice est bâti en pierres de grand appareil ; les gradins et les supports des marches des escaliers sont en pierre plus petites, reliées par du ciment romain ; les escaliers sont en partie effondrés, mais les galeries et les couloirs, malgré de larges ouvertures dans les voûtes, sont encore en assez bon état.

L'amphithéâtre d'El-Djem a eu à subir non seulement les ravages du temps et les actes de vandalisme des Arabes, qui ne l'épargnent même pas de nos jours ; mais il a été le théâtre de luttes et de combats qui ont apporté leur contingent à l'œuvre de destruction. On dit que dès les premiers temps de la conquête arabe la reine Kahina, battue par Sidi-Okba, s'y enferma et résista trois années aux efforts des assiégeants. La large brèche qui troue aujourd'hui le côté occidental de l'édifice passe pour avoir été ouverte il y a moins de quarante ans par le bey Ahmed, qui y assiégea des tribus refusant de payer l'impôt et les réduisit à coups de canon. Ce fait, relativement moderne, est contesté énergiquement par les habitants.

Quoi qu'il en soit, ce splendide monument, après avoir bravé les intempéries des siècles, menace de disparaître pierre à pierre sous les injures du vandalisme moderne : une partie des maisons d'El-Djem est construite avec les débris qu'on vient lui arracher ; une population misérable habite ses excavations ou de chétives maisons adossées à ses parois. Il est enfin le réceptacle de toutes les immondices du village.

En présence de la splendeur de ces débris, témoins vivants de la puissance et de la prospérité d'un autre âge, on se demande par quelle fatalité ou par quelle loi de la Providence un pays qui a possédé de semblables monuments a pu se transformer en la région pauvre et déshéritée que nous voyons aujourd'hui !

Le village arabe d'El-Djem est situé au centre d'un pays remarquablement fertile, au sommet d'une ondulation de terrain et perdu au milieu de fourrés de figuiers de Barbarie et de massifs d'oliviers. Sa population est de 1200 habitants. Ses maisons sont bâties, pour la plupart, avec les matériaux provenant de l'amphithéâtre ou des ruines de l'ancienne ville de Thysdrus, sur l'emplacement laquelle il est en partie construit, et qui était une des trente villes libres d'Afrique. Il ne reste guère aujourdhui de ces ruines que de belles citernes. L'importance que devait avoir la ville, d'après ses arènes, permet d'affirmer qu'elle s'étendait bien au delà de l'emplacement du village actuel, sur les collines et les dépressions environnantes.

Des fouilles faites en 1881 sur un monticule voisin d'El-Djem par l'armée française ont mis à jour des soubassements de construction, des fûts de colonnes et un magnifique chapiteau d'ordre corinthien, de 2^m,15 de diamètre, que nous avons pu admirer. On nous a montré également un fragment d'un torse de cheval en marbre blanc qui devait être de grandeur naturelle. On a, paraît-il, trouvé aussi des urnes, des ouvrages de poterie, des pavés en mosaïque et des monnaies à l'effigie d'Agrippa, de Germanicus et de Gordien. Il serait très intéressant de poursuivre ces recherches qui amèneraient certainement des découvertes archéologiques précieuses.

Le 27, à cinq heures du matin, après avoir jeté un dernier regard sur l'admirable ruine, nous nous dirigeons vers le nord-ouest à travers une succession de collines et de vallées fertiles et bien cultivées. Du sommet d'un coteau nous apercevons sur notre droite la Sebka Sidi-el-Hani, qui s'étend de l'est à l'ouest sur environ 40 kilomètres de long. Le sol redevient sablonneux et aride, et les cultures sont remplacées par l'alfa et les plantes du désert. Nous traversons l'oued Cherita, où coule toute l'année une eau salée impotable même pour les chevaux. Puis nous retombons dans une campagne fertile où les cultures alternent avec des champs de figuiers de Barbarie ; à 31 kilomètres d'El-Djem, nous arrivons au puits de Sidi-Ahmer-Bouzid, dont la margelle renferme des tronçons de colonnes en granit et en syénite rose.

Nos tentes sont dressées à peu de distance. Ce puits est très fréquenté par les indigènes des villages et des douars voisins, qui viennent y puiser dans des peaux de bouc l'eau nécessaire à leur consommation et à celle de leurs animaux. C'est un va-et-vient continuel. L'eau est abondante et bonne, mais trouble par suite de ce puisage incessant. Comme il existe deux ouvertures dont l'une paraît, momentanément du moins, suffisante aux besoins de toute cette population, nous plaçons une sentinelle près de l'entrée, pour en interdire l'accès et nous procurer au moins de l'eau claire.

Pendant qu'on installe notre camp, nous faisons une guerre acharnée aux nuées de tourterelles qui voltigent autour du puits pour se désaltérer aux flaques d'eau, et nous n'arrêtons le massacre qu'après avoir largement assuré le rôti du jour et celui du lendemain.

Le 28, nous nous mettons en marche à quatre heures et demie pour Kairouan, dont 40 kilomètres nous séparent. La plaine est inculte et ne porte qu'une maigre végétation de metenam et de zeita avec de fortes touffes de jujubiers sauvages. Après avoir traversé la pointe occidentale de la Sebkha Sidi-el-Hani, nous remontons de longs coteaux stériles et arides. Enfin, une immense plaine nue se déroule à nos regards, bornée à l'horizon par une longue chaîne de montagnes d'où émergent de l'ouest à l'est les cimes culminantes des djébel Serdj, Zaghouan et Djoukar. Kaïrouan, la cité sainte, la capitale religieuse de la Tunisie, apparaît au milieu de ces steppes arides et désolés. On dirait que le fanatisme musulman a voulu l'isoler en mettant entre elle et le reste du monde l'immensité et la solitude du désert. En approchant, elle prend un aspect des plus pittoresques avec sa forêt de minarets, ses coupoles arrondies et la ligne dentelée de ses remparts. Nous traversons enfin le lit sablonneux et à sec de l'Oued-Zeroud, et à midi nous entrons dans la ville.

Le restant de la journée est consacré au repos et à deux visites, l'une chez le lieutenant-colonel Corréard, commandant en chef de la garnison, l'autre chez le gouverneur civil général Mohamed-el-Mrabot, qui a mis obligeamment à notre disposition une maison où il nous fait servir le dîner.

Avant l'occupation par nos troupes, en 1881, peu d'Européens avaient pu pénétrer dans la métropole du croissant, où la présence d'un *roumi* (chrétien) eût été considérée comme une profanation. Par un singulier contraste, c'est la seule ville de la Tunisie dont on puisse aujourd'hui visiter les mosquées.

Kairouan a une forme très irrégulière et s'étend du nord-ouest au sud-est. Un mur d'enceinte de 10 mètres de hauteur, dont le sommet est formé de crénelures arrondies, et flanqué de grosses tours et de bastions, l'entoure sur environ 3,000 mètres. Ce mur est en briques et parfaitement intact.

Tout autour et à l'extérieur de cette muraille, dans un rayon de 500 à 1,000 mètres, sont des monticules irréguliers recouverts de pierres plates éparses et disséminées sans ordre au milieu de quelques cactus épineux.

Ce sont des tombes. Les vrais croyants viennent, en effet, d'Algérie et de Tripolitaine dormir leur dernier sommeil à l'ombre des murs de la ville sainte, dont les environs sont ainsi transformés en une vaste nécropole.

On pénètre dans la ville par cinq portes, dont la plus remarquable est celle de Tunis (Bab-el-Tunis). Elle est composée d'une arcade avec boutiques en bordure. La porte extérieure est formée de deux colonnes corinthiennes supportant une arche en fer à cheval; l'intérieure, de colonnes romaines avec deux arcs en marbre noir et blanc. La khasba, située au nord-ouest de la porte de Tunis, sert aujourd'hui de caserne à nos troupes. Les maisons, presque toutes à un étage, sont bâties en briques comme les murailles et blanchies à la chaux; beaucoup de matériaux anciens entrent dans la construction, principalement des colonnes romaines qui en décorent l'entrée. Les fenêtres, comme dans presque toutes les maisons arabes, où la vie est concentrée à l'intérieur, sont rares, étroites et fermées de grillages en bois ou de ciselures en fer très ouvragées. Les rues de Kairouan sont en général plus larges et plus propres que celles des autres villes arabes. Une voie principale qui traverse toute la ville, a 15 mètres de largeur. Elle est bordée de boutiques où s'étalent tous les genres de commerce. Sur cette rue s'ouvrent plusieurs artères souvent couvertes d'arcades et où se tiennent les souks.

Ce qui donne à Kairouan sa physionomie distincte et son cachet particulier de fanastisme religieux, ce sont ses innombrables mosquées, ses marabouts, ses zaouias, couronnés d'une multitude de dômes et de minarets. On y compte, en effet, soixante-cinq mosquées principales, dont les deux plus célèbres, que nous avons visitées, sont la grande mosquée et celle de Sidi-Bel-Haoui ou du Barbier.

La grande mosquée (Djama-Kébir), qui s'élève à l'extrémité ouest de la ville, a été fondée au commencement du septième siècle par Okba, le conquérant de l'Afrique du Nord. L'extérieur n'a rien de remarquable. C'est un vaste quadrilatère de 140 mètres de côté, entouré d'un mur d'enceinte blanchi à la chaux et percé de cinq portes, dominé par une grande tour carrée, très large à sa base et couronnée de trois étages crénelés en retrait les uns sur les autres. On pénètre d'abord dans une cour rectangulaire bordée de cloîtres dont les arcades à forme élégante sont soutenues par des colonnes en partie d'origine romaine. L'intérieur de l'édifice est réellement grandiose. C'est une véritable forêt de colonnes en marbre blanc, en onyx, en syénite de toutes couleurs, de tous les styles, reliées entre elles par des arceaux très rapprochés, de forme mauresque, et soutenant un plafond bizarrement décoré d'arabesques en stuc ou en plâtre. On compte quatre cent soixante-cinq colonnes, tant à l'intérieur que dans la cour de la mosquée. L'escalier qui donne accès à la chaire de l'iman et ses rampes sont en bois merveilleusement sculpté, où quelques dégradations, difficilement réparables, ont été faites récemment par des visiteurs plus qu'indélicats. Nous foulons de nos pieds profanes les nattes et les admirables tapis sur lesquels les vrais croyants prosternent leur front, et malgré notre insistance, le seul tapis de la chaire est relevé pour nous livrer passage. Véritablement en extase devant toutes ces merveilles, nous ne pouvions nous empêcher de songer qu'il y a quatre ans le profane étranger qui eût osé seulement franchir la première enceinte eût été immédiatement puni de mort.

Le minaret fait face à la porte principale : sa hauteur ne dépasse pas 30 à 35 mètres; un escalier de 130 marches conduit à la plate-forme; les marches sont en pierres romaines, sur lesquelles on lit encore des inscriptions ; il y en a en marbre blanc et en carreaux de faïence. Les murs, percés de meurtrières, ont 3 mètres d'épaisseur. Du sommet, on jouit d'un très beau coup d'œil : à ses pieds, la ville avec ses toitures en terrasse, ses dômes et ses minarets; au nord, à l'horizon, les profils hardis du Djukar et du Zaghouan ; à l'est, la surface argentée de la sebkha Sidi-el-Hani; partout ailleurs, à perte de vue, de vastes plaines nues.

La mosquée du Barbier est située hors du mur d'enceinte et au nord-ouest de la ville. Elle renferme le tombeau de Sidi-Abouzemal-bel-Haoui, un des dix compagnons qui suivirent le Prophète lorsqu'il quitta la Mecque et qui, d'après la tradition, porte sur sa poitrine, dans un sac de velours, trois poils de la barbe de Mahomet. Le saint repose dans une tombe recouverte d'un drap mortuaire en velours noir au-dessus de laquelle flottent de nombreux étendards. Quatre colonnes en marbre blanc et une grille en fer à clous dorés entourent le tombeau. La coupole de cette salle, véritable sanctuaire, est très ouvragée et les murs sont revêtus de carreaux de faïence de tous les styles dessinant de curieuses arabesques. La cour qui précède est complètement dallée en marbre blanc et entourée d'une élégante colonnade qui est une merveille d'architecture mauresque. La mosquée du Barbier, par le fini de ses sculptures, est plus remarquable peut-être que la grande mosquée, elle est d'ailleurs beaucoup plus riche et en meilleur état de conservation.

A cette mosquée est annexée une zaouia, espèce de collège où les hommes viennent apprendre à lire et à écrire le Coran. Il y a, en ce moment, soixante élèves de tout âge qui habitent l'établissement. Il va sans dire que l'installation est très primitive.

La tradition veut que Kairouan ait été autrefois entourée d'une vaste forêt d'oliviers. Ce ne serait même que dans le dernier siècle que le déboisement se serait produit à la suite d'un siège. Quoi qu'il en soit, le pays est aujourd'hui tellement dépourvu de toute végétation, que le manque de chauffage s'y fait vivement sentir. Des industriels se sont jetés sur tous les points où il existait encore quelques tamarix et les exploitent pour les besoins de la garnison, en sorte que la zone dépeuplée et inculte s'agrandit de plus en plus.

Kairouan était alimentée d'eau potable par d'immenses réservoirs dont les restes existent encore. De ces citernes, une seule subsiste. On ne se sert à Kairouan que d'eau de citerne, et encore avec la rareté des pluies elle est toujours insuffisante. Le manque d'eau et le manque de bois sont évidemment les deux grandes causes de la décadence de cette ville jadis riche et peuplée et dont la population n'est plus évaluée aujourd'hui qu'à 12,000 ou 15,000 âmes.

On y fabrique cependant encore des tapis renommés, aux riches couleurs. On confectionne avec l'alfa des cordes et des nattes. L'industrie des cuirs teints en jaune, pour la fabrication des babouches, y est très développée. On trouve dans les souks de beaux articles de sellerie, des coffres, des étagères et des escabeaux incrustés de nacre, des djébira en cuir rouge, des huiles, des épices, etc. Un grand marché aux bestiaux, aux légumes et aux grains se tient à gauche de la porte de Tunis; quelques colons français établis à Kairouan y ont entrepris des cultures. Nous avons vu de beaux blés et 4 hectares en pommes de terre. Ces tentatives mériteraient d'être encouragées.

CHAPELLE DE SAINT-LOUIS A CARTHAGE.

CHAPITRE XX

DE KAIROUAN A TUNIS. — BIR-EL-BEY. — LES DOUARS. — L'OUED NEBHANE ET LA FORÊT BEYLICALE D'OUM-EL-HAREM. — L'OUED KRAOUI. — DJEBBIBINA. — TAPIS DE FLEURS. — LA GRANDE CHAINE DU DJUKAR ET DU ZAGHOUAN, LE PIC DU BEN-FEYDEN. — ASPECT GÉOLOGIQUE DE LA RÉGION. — NOUVELLE FLORE : LE DISS, LE LENTISQUE, LE THUYA ET LE PIN D'ALEP. — LES SOURCES ET LA CONDUITE D'EAU. — DERNIER CAMPEMENT A EL-LUKANDA. — SORTIE DE LA CHAINE. — L'OUED MILIANE ET L'OUED RIRANE. — FERTILITÉ DE LA PLAINE — LES RUINES DE L'AQUEDUC DE CARTHAGE. — MOHAMÉDIA. — LA SEBKHA EL-SEDJOUMI. — RETOUR A TUNIS.

A Kairouan, nous nous séparâmes de nos cinq chameliers, qui nous suivaient depuis notre départ de Gabès, le 27 mars. Il y avait juste un mois qu'ils étaient les compagnons de nos fatigues, et nous n'avions jamais eu, pour notre compte, qu'à nous louer de leur docilité et de leur probité. Nous leur délivrâmes donc de tout cœur le certificat de bon service qu'ils nous demandèrent en nous quittant. Je n'assistai pas aux adieux de nos braves nègres et de Jouve. J'aime à penser que la perspective d'une séparation, probablement éternelle, aura dissipé les ressentiments de notre Marseillais et qu'il aura généreusement pardonné.

Au surplus, toutes les figures rayonnent de contentement. Ali-ben-Mohamed et Mohamed-el-Ouarghi ont fait leurs dévotions dans toutes les mosquées. Khiari, moins fervent, ne les a suivis que de loin, et bien que la chasse n'ait pas rendu ce qu'il en espérait, il est néanmoins enchanté de son voyage. D'ailleurs nous ne sommes plus qu'à 136 kilomètres de Tunis, soit trois journées de marche, et la perspective du retour rend aussi heureux nos braves gardes que le départ leur avait causé de joie. J'ajouterai que nous partageons un peu leur manière de voir à cet égard.

Nous avions loué, à Kairouan, cinq chameaux et leurs conducteurs pour le transport de nos bagages jusqu'à Tunis. Nous quittons la ville le 29 avril à midi, nous dirigeant droit au nord pour regagner la capitale de la régence par le chemin le plus direct.

Nous campons, le premier jour, à Bir-el-Bey, à 26 kilomètres, près d'un puits d'eau saumâtre dont se contentent les chevaux et le bétail. Nous avons traversé toute la plaine inculte qui s'étend au nord de Kairouan et nous arrivons dans des terrains plus frais et couverts d'herbe. De nombreux douars campent tout autour et une procession de femmes et de jeunes filles se succède au puits. Nous pouvons, chose rare, les regarder à l'aise et constater que là, plus qu'en aucun pays du monde, les jeunes filles sont aussi jolies que les vieilles femmes sont laides et repoussantes. La présence d'étrangers semble peu les intimider, et en l'absence des hommes elles ne songent nullement à se cacher le visage.

Le 30 avril, à cinq heures et demie du matin, nous continuons à remonter vers le nord, nous dirigeant sur El-Lokanda, à 45 kilomètres de Bir-el-Bey. Une épaisse végétation herbacée entrecoupée de cultures d'orge et de blé, couvre toute la plaine, qu'on peut irriguer par des dérivations de l'Oued-Nebhane. Ce ruisseau prend sa source dans le massif montagneux s'étendant en avant sur notre gauche, et va se perdre dans les montagnes qui entourent à notre droite le lac Kelbiah, dans lequel certains auteurs ont cru retrouver l'emplacement de l'ancienne baie de Triton. Nous traversons l'oued près d'un vieux pont en ruine. De nombreux troupeaux paissent dans les parties incultes de la plaine. Sur notre gauche apparaissent des coteaux se relevant graduellement aux approches de la grande chaîne. Ils sont peuplés de touffes de *djdari* qui semblent à distance constituer un massif forestier. C'est la forêt beylicale d'Oum-el-Harem qui couvre les premiers contreforts du djébel Mourga et du djébel Sourhas. Ce sont de pauvres broussailles abrouties par le bétail et par des exploitations abusives, où les indigènes viennent s'approvisionner depuis Kairouan. Nous passons ensuite un nouvel oued, l'Oued-Kraoui, complètement à sec et dont les bords sont couverts de lauriers-roses en fleur. La chaîne des montagnes, alors très rapprochée, forme autour de nous un admirable amphithéâtre dont les deux sommets dominants détachent sur le ciel leurs arêtes escarpées ; à gauche, le djébel Djukar avec son pic aigu, le Ben-Fayden (1 140 mètres) ; à droite, le Zaghouan (1 370 mètres). Nous passons à Djebbibina, amas d'habitations isolées éparses sur une vaste étendue au milieu de champs de cactus, et nous nous arrêtons, pour déjeuner, aux pieds des premiers contreforts de la chaîne, dans des massifs buissonneux d'oliviers sauvages, de lentisques, de djdari et de thuyas.

Tout autour de nous le sol est émaillé de fleurs aux plus vives couleurs. Nous y cueillons : une camomille à larges fleurs blanches, des liserons bleus ou roses, des soucis, une hélianthème d'un beau jaune d'or, une asphodèle à petites fleurs blanches rayées de filets marron, une belle euphorbe aux pétales lilas, la lavande à fleur violette, un petit trèfle rose ou pourpre, des orobanches, etc. Le sol disparaît quelquefois sous ce parterre de fleurs multicolores qui semblent le couvrir d'un tapis de Kairouan, dont elles rappellent les chaudes nuances. On croirait que les Arabes se sont inspirés, pour le coloris de leur tapis, des vives couleurs de cette flore locale.

Nous pénétrons dans la chaîne de montagnes par une

gorge qui s'élève insensiblement entre le Djukar et le Zaghouan. Le sol est formé de puissantes assises calcaires très apparentes sur notre chemin même, où leur inclinaison forme des aspérités en couches régulières et parallèles; à droite et à gauche s'étendent des vallons verdoyants où broutent des troupeaux de moutons. Les mamelons qui forment la base de la chaîne sont garnis d'oliviers sauvages et de lentisques abroutis par le bétail, mais néanmoins d'un bel aspect. Le sommet et les flancs paraissent dénudés ou à peine couverts de maigre touffes de lentisques. Une nouvelle plante y fait son apparition. C'est le diss (*Arundo festucoides* graminée) répandu dans toutes les forêts du nord et dont les touffes vigoureuses atteignent jusqu'à 2 mètres d'élévation. Le *harmel* et le *chiehh*, dont nous avions encore rencontré des spécimens dans la matinée, paraissent s'arrêter au pied de la chaîne à la hauteur de Djebbibina. Une flore toute nouvelle fait définitivement place à celle du sud.

Notre route décrit à travers la montagne des méandres capricieux, traverse l'Oued-Galtra, qui descend du pic de Ben-Fayden, à notre gauche; puis elle remonte jusqu'à un sommet où le Zaghouan émerge devant nous des crêtes voisines avec ses flancs abrupts et sa cime dentelée. C'est un des sites les plus sauvages et les plus imposants qu'il nous ait encore été donné de contempler.

A cinq heures du soir, nous dressions pour la dernière fois nos tentes à El-Lukanda, en vue du pic du Zaghouan, au milieu d'une clairière entourée de buissons de lentisques, près d'une maisonnette bâtie par des

Européens dans un enclos de figuiers de Barbarie.

Nous faisons la visite de nos caisses de provisions, solides et liquides. Il reste un stock de conserves qui suffirait encore à huit jours de voyage. Ordre est donné au cuisinier d'y faire une large brèche et de se surpasser lui-même, s'il est possible. Notre dîner est somptueux, un vrai dîner d'adieu!

Pendant ce temps notre personnel fourbit les armes, étrille, bouchonne les chevaux. Nous rentrons le lendemain soir à Tunis et il s'agit de faire bonne figure; mais le ciel en a décidé autrement. Le temps, qui a été très chaud toute la journée, se met le soir à l'orage; de gros nuages noirs nous cachent la cime du Zaghouan et nous versent pendant la nuit des torrents d'eau. Notre camp est transformé en un véritable marais boueux, dans lequel nos chevaux se délassent en se vautrant à plaisir, et y changent tellement la couleur de leur robe que c'est à peine si, le lendemain matin, nous parvenons à les reconnaître. Or, le temps manque pour procéder à une nouvelle toilette. Notre dernière étape est de 65 kilomètres; c'est la plus longue que nous ayons parcourue et il faut partir avant le jour.

Nous suivons un étroit sentier qui circule entre des fourrés de thuyas, de lentisques et de diss, dont les branches, imprégnées d'eau, nous caressent désagréablement les jambes et le visage et nous imposent un bain forcé. Le terrain détrempé est glissant, et dans les pentes nos chevaux n'avancent qu'avec peine : mauvais début pour une si longue route.

Nous longeons d'abord la conduite qui amène les eaux sortant du Ben-Fayden à Mograne, où elles se réunissent à celles provenant de la source du Zaghouan, pour être dirigées de là sur Tunis, le Bardo, la Goulette et la Marsa par l'ancien aqueduc de Carthage, complètement restauré par M. Colin, ingénieur français.

Bientôt apparaissent au milieu des massifs de thuyas des pins d'Alep assez nombreux qui formeraient un très beau peuplement forestier, si le vandalisme arabe leur permettait de pousser. Mais dès qu'ils atteignent 4 à 5 mètres de hauteur ils sont impitoyablement dépouillés de leur écorce, qui est expédiée à Tunis pour le tannage. A part les quelques pieds échappés au massacre, on ne voit dans la montagne que leurs hideux squelettes écorcés. Et cependant ces sols riches pourraient être couverts de belles forêts de pins avec sous-étage de taillis de lentisques qui seraient une richesse pour le pays. Il faut espérer que le service forestier arrivera graduellement à prendre possession de ces importants et vastes massifs et trouvera moyen de supprimer cette désastreuse pratique, tout en fournissant à l'industrie, par des coupes convenablement réglées, les produits dont elle a besoin.

Sur quelques points nous voyons des taches relativement minimes où le feu a dévoré les lentisques et les pins et qui se sont garnies d'une belle herbe verte que les troupeaux viendront brouter. Encore une coutume désastreuse, la plus difficile peut-être de toutes à déraciner.

Nous traversons la conduite d'eau qui se dirige au nord-est sur Mograne et nous descendons la pente nord de la chaîne. Nous avons alors le Zaghouan à notre droite, la cime toujours perdue dans les nuages; deux hautes montagnes apparaissent devant nous au nord à l'horizon. Ce sont le djébel Rossa (700 mètres et le djébel Bou-Guernin (589 mètres) dont le versant nord abrite Hammam-Lif. Nous franchissons successivement l'Oued-Miliane, qui a de l'eau en toute saison, puis l'Oued-Rirane, dont les bords escarpés et glissants nous rendent le passage difficile.

A la montagne succède une plaine où croissent, très espacées, de larges touffes arrondies de lentisques. Entre les touffes, le sol est couvert d'herbe que broutent de nombreux troupeaux. Au lieu d'un simple pâturage on pourrait avoir, dans cette vallée, les plus belles cultures : l'olivier y prospérerait certainement. La terre végétale y a 6 mètres d'épaisseur, ainsi qu'on peut le constater dans l'encaissement de l'Oued-Rirane. L'eau y est abondante et les irrigations lui donneraient une fertilité inouïe. Que de richesses perdues, qui n'attendent pour éclore que des colons industrieux!

Après avoir franchi une petite série de collines et de mamelons garnis de thuyas abroutis par le pâturage, nous arrivons à la conduite d'eau où nous faisons une halte d'une heure, puis, laissant à gauche le marabout Sidi-Abd-el-Kader, nous traversons une longue plaine, partie en jachère, partie cultivée, barrée dans toute sa longueur par les ruines de l'ancien aqueduc de Carthage.

« Cet aqueduc, dit M. Louis Piesse (1) dans son Itinéraire de l'Algérie et de la Tunisie, un des ouvrages les plus gigantesques que les Romains aient exécutés en Afrique, amenait à Carthage par un canal tantôt souterrain, tantôt porté sur de hautes et magnifiques arcades, les eaux limpides de deux sources abondantes, celle de Zar'ouan et celle de Djougar. Les divers tronçons encore debout de cet aqueduc prodigieux qui, par un détour immense, franchissait collines et vallées, disparaissait et reparaissait tour à tour, suivant les accidents du sol, et que le touriste pourra admirer dans les diverses excursions autour de Tunis, ont presque totalement disparu dans la partie qui aboutit aux citernes de Carthage. »

L'aqueduc, au point où nous le rejoignons, est encore en assez bon état de conservation sur plus de 1 kilomètre; les voûtes atteignent, par places, 14 et 16 mètres de hauteur et sont supportées par des piliers énormes en pierres de taille de grand appareil. Plus loin, les voûtes se sont effondrées et il ne reste debout que les débris des piliers dont la hauteur diminue jusqu'à l'affleurement du sol. C'est, après l'amphithéâtre d'El-Djem, une des ruines les plus imposantes de la Tunisie.

Nous franchissons ensuite l'Oued-Miliane sur un pont de pierre en bon état, qu'emprunte aussi le nouvel aqueduc restauré, et après avoir gravi des collines bien cultivées, nous arrivons à Mohamedia, pauvre village où il

---

(1) *Itinéraire d'Algérie et de Tunisie*, par M. Louis Piesse. — 1881. Paris.

ne reste que les ruines d'un vaste et très beau palais, bâti il y a environ quarante ans par le bey Ahmed, qui le décora avec magnificence et en fit son séjour de prédilection. Le conduit de canalisation des eaux traverse une des cours du palais, aujourd'hui complètement abandonné.

De Mohamedia la vue est très belle : à droite, les découpures abruptes des monts Rossa et Bou-Guernin; devant nous à l'horizon, Sidi-Bou-Saïd, la chapelle de Saint-Louis et les ruines de Carthage.

Nous côtoyons et traversons la pointe sud-est de la Sebkha El-Sedjoumi, qui s'allonge sur 8 kilomètres au sud de Tunis, puis nous montons les dernières collines, peuplées d'oliviers, qui de ce côté forment à la ville une ceinture boisée de 3 000 mètres de largeur.

Enfin, du dernier coteau, Tunis nous apparaît toute blanche et en pleine lumière. Ce fut un cri de joie général, peut-être aussi un soupir de soulagement!

Nous avions en trente-six jours, depuis Gabès, parcouru à cheval, d'étape en étape, 925 kilomètres, sans compter les longues courses dans les oasis. Nous avions traversé deux fois le sud de la Tunisie, de l'est à l'ouest et de l'ouest à l'est et parcouru tout le centre et la côte orientale du sud au nord. Personne n'était resté en arrière; nous ramenions tout le personnel, hommes et bêtes, en parfaite santé. Nous pouvions, à bon droit, nous enorgueillir du succès au point de vue matériel. J'ai tout lieu de penser qu'au point de vue spécial qui avait amené la mission dans les oasis du sud, les résultats ne seront pas moins favorables.

Le 1ᵉʳ mai, à six heures du soir, nous rentrions à Tunis par la porte du Sud (Bab-el-Djezira). Mais il était écrit que notre odyssée ne finirait pas sans un incident grotesque : les voies qui accèdent à la capitale ne sont pas encore aujourd'hui dans un état de complète viabilité ; il s'y rencontre, aux portes de la ville, de véritables fondrières que le service spécial comblera certainement un jour, mais qui, pour mon malheur, étaient encore, le 1ᵉʳ mai 1885, remplies d'une boue noire et fétide. Soit par maladresse de son cavalier, soit par suite d'un empressement exagéré de revoir son écurie, soit enfin par impossibilité de faire mieux, mon cheval sauta dans le cloaque jusqu'au poitrail et m'inonda de la tête aux pieds de taches noires produisant sur ma tenue et sur mon casque blanc le plus désastreux effet. Je me permets de signaler ce petit détail à la vigilante attention de la municipalité de Tunis.

CHAPITRE XXI

EXCURSION EN KHROUMYRIE. — ASPECT GÉOLOGIQUE ET RELIEF DE LA RÉGION. — CALCAIRES ET GRÈS. — FLORE CARACTÉRISTIQUE DES DIVERS TERRAINS. — PROJET DE PONT SUR LA MEDJERDA A GHARDIMAOU ET ROUTE FORESTIÈRE. — LE CAMPEMENT FORESTIER D'EL-FEIDJA. — LE KEF-KÉBIR. — LES FORÊTS DE CHÊNES-LIÈGE ET CHÊNES ZÉENS DE OUSTETA ET DE M'RASSEN. — LA CHASSE. — LE CAMPEMENT FORESTIER D'EL-HAMRA — AIN-DRAHAM. — LA NOUVELLE ROUTE D'AIN-DRAHAM A TABARCA. — TABARCA ET L'ILE. — LA COTE ET LES DUNES ENTRE TABARCA ET LE CAP NÉGRO. — APERÇU DE LA FLORE DU LITTORAL : LE RETEM, LE GENÉVRIER OXYCÈDRE, LE CHÊNE BALLOTE, LE MYRTE, LE LENTISQUE, LE PHYLLARIA, LES BRUYÈRES. — LE GOURBET. — TRAVAUX DE DÉFENSE NÉCESSAIRES SUR DIVERS POINTS DE LA COTE. — RETOUR A AIN-DRAHAM. — ROUTE D'AIN-DRAHAM A LA STATION DE SOUK-EL-ARBA. — LE GUÉ DE LA MEDJERDA.

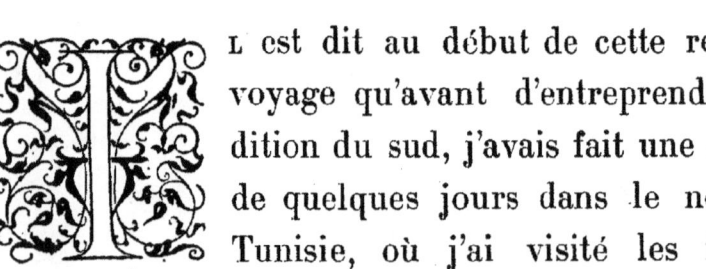IL est dit au début de cette relation de voyage qu'avant d'entreprendre l'expédition du sud, j'avais fait une excursion de quelques jours dans le nord de la Tunisie, où j'ai visité les forêts de Ousteta et de M'Rassen et le littoral de la Méditerranée à Tabarca. C'est de cette instructive et intéressante tournée qu'il me reste à rendre compte.

La Khroumyrie est un pays très accidenté, s'étendant au nord de la régence, depuis la frontière algérienne jusqu'à la hauteur du cap Négro, entre la vallée de la Medjerda et la mer. De hautes chaînes de montagnes, dont les points culminants atteignent 1 400 mètres d'altitude, courent parallèlement à la côte, laissant entre elles des vallées, dont les trois principales renferment une petite rivière se jetant à la mer dans des baies sablonneuses, souvent bordées d'écueils. Ces montagnes, qui font suite au massif des Beni-Salah du département de Constantine, sont généralement abruptes et découpées de gorges profondes. Dans les parties où le calcaire forme la base géologique, elles portent l'empreinte des soulèvements volcaniques auxquels elles paraissent devoir naissance ; tantôt elles sont couronnées d'assises plus ou moins inclinées, quelquefois redressées jusqu'à la verticalité et surmontées de pics aigus, d'autres fois formées de courbes régulières semblant provenir de la pression latérale des masses voisines. Dans les grès, au contraire, les contours sont beaucoup plus réguliers, les pentes plus douces, les vallées plus larges, et les montagnes affectent des formes de dômes ou de trapèzes qui rappellent celles des Vosges.

Les calcaires offrent des sommets toujours dénudés, escarpés et souvent inaccessibles. La végétation ne se montre que sur les flancs et dans les gorges, où apparaissent des bancs de marne. Elle est représentée par l'olivier sauvage, le lentisque, le laurier-rose, le frêne commun, l'azerolier.

Les montagnes à base de grès sont boisées jusque sur leurs plus hauts sommets et portent de splendides peuplements de chênes-liège et de chênes zéens, alternant suivant les expositions, les premiers au sud et à l'ouest, les seconds au nord et à l'est. En sous-étage, croissent en fourrés inextricables le lentisque, le phyllaria, le laurier-rose, le myrte, qui habitent le bas de la montagne et les bords des ravins où coule un filet d'eau ; la bruyère blanche (*Erica candicans*), la bruyère arborescente (*Erica arborea*), le genêt épineux (*Calycotome spinosa*), l'arbousier (*Arbustus unedo*), le diss (*Arundo festucoides*), qui croissent exclusivement dans le haut des rampes et sur les sommets.

Dans les vallées se trouvent de belles prairies où les les Khroumirs, peuple nomade, font paître leurs bestiaux, incendiant au besoin les forêts pour se procurer du pacage lorsque l'herbe manque.

La Khroumyrie est en résumé une région admirable de pittoresque et de sauvagerie. Lorsque, du fond des gorges où campent de nombreux douars, on s'élève, par des sentiers rocailleux, aux flancs des coteaux où s'accrochent des troupeaux de chèvres et de moutons, et jusque sur les sommets les plus élevés de ces montagnes tantôt arides et nues, tantôt colorées du vert sombre des lièges, la vue embrasse à chaque instant de splendides horizons : des enchevêtrements de sommets arrondis et de crêtes aiguës d'un sol convulsionné, des montagnes aux flancs nus et pelés à côté d'autres d'une végétation luxuriante ; des vallées verdoyantes et par places des échappées sur le bleu intense de la mer, le tout noyé dans la chaude lumière du ciel d'Afrique.

Partis, M. Lefebvre et moi, de Tunis, le 5 mars, à cinq heures du matin, nous arrivons à une heure de l'après-midi, par la voie ferrée qui relie Bône à Tunis, en empruntant sur presque tout son parcours la pittoresque vallée de la Medjerda, à Ghardimaou, dernière station, à 7 kilomètres de la frontière algérienne, à 180 kilomètres de la capitale de la régence. Nous y trouvons un garde français, trois gardes indigènes et deux chevaux de selle.

Nous traversons à gué la Medjerda, à l'emplacement d'un pont que le service forestier se propose de construire pour assurer l'écoulement, en toute saison, vers la voie ferrée, des produits des forêts que nous allons visiter. Une route dont le projet est fait et dont nous suivons le tracé nous conduit vers le nord, à travers la vallée, vers les premiers contreforts de la montagne, dans laquelle nous nous engageons par des sentiers provisoires, à pentes douces et d'un accès facile, de création toute récente.

Ces premiers coteaux sont peuplés d'une épaisse végétation arbustive où dominent le lentisque, le myrte, le phyllaria et le laurier-rose, repaire habituel des fauves de la contrée, dont l'existence n'est nullement légendaire, à en juger du moins par la trace toute fraîche d'un énorme lion dans le sentier que nous suivons. Les méfaits de ce roi des forêts sont signalés depuis quelque temps déjà dans le contrée, et je me plais à es-

KEF-KÉRIR (GRAND ROCHER) FORÊT DE OUSTÉTA (KROUMIRIE).

pérer que notre brave Khiari, de retour de son excursion dans le sud, ne tardera pas à y mettre bon ordre. A mesure qu'on s'élève dans la montagne, les chênes liège apparaissent et deviennent peu à peu des peuplements forestiers complets et vigoureux, dominant un épais sous-bois. A notre gauche, de l'autre côté d'une gorge profonde, un rocher gigantesque, aux flancs déchirés et à pic, se dresse, sur un sommet élevé au-dessus de la cime des chênes : c'est le Kef-Kébir (grand rocher).

Enfin, à six heures, nous arrivons à un plateau situé à 800 mètres d'altitude, au pied duquel vient mourir le ravin que nous côtoyons depuis notre entrée dans la chaîne, et d'où l'on jouit d'un admirable panorama sur la vallée de la Medjerda et les montagnes du sud. Nous sommes au milieu de la forêt de Ousteta, aux baraquements forestiers d'El-Feidja, à 16 kilomètres de la gare de Ghardimaou.

Des baraques en planches, destinées aux logements de plusieurs gardes et des agents, ainsi que des écuries, y ont été installées provisoirement, en attendant la construction de maisons forestières projetées. Tout autour s'étendent, sur le plateau, d'assez belles prairies, facilement irrigables au moyen d'une source abondante et d'excellente qualité qui sort d'un des versants des montagnes qui entourent le plateau au nord, à l'est et à l'ouest. Les terres qu'on a commencé à cultiver paraissent assez fertiles, et tout autour des cultures se trouve en abondance le diss pour la nourriture des chevaux. L'emplacement d'El-Feidja, relié d'ailleurs à Ghardimaou par la route qui doit se prolonger à travers la forêt de Ousteta jusqu'à Aïn-Draham et Tabarca, nous semble des plus heureusement choisis pour la principale installation du service forestier dans cette partie de la Kroumyrie.

J'ai passé à El-Feidja deux journées que je n'hésite pas à classer parmi les plus charmantes et les plus intéressantes de mon voyage. J'y ai visité les deux forêts de Ousteta et de M'Rassen, la première de 9 000, la seconde de 4 000 hectares environ. Ces contenances ne sont qu'approximatives. Mais le service s'occupe en ce moment de la triangulation de tout le massif, et en possédera bientôt des plans exacts et des aménagements réguliers.

Ces deux forêts reposent exclusivement sur des grès donnant par la décomposition un sol siliceux très propre à la culture du chêne liège. Aussi cette essence couvre-t-elle, en mélange, sur quelques points, avec le chêne zéen, toute leur étendue. Ce sont presque des forêts vierges dans lesquelles on n'a jamais porté la hache. On y voit de vieux peuplements d'une régularité parfaite; je citerai une futaie de chênes zéens d'au moins deux cents ans, dans laquelle les arbres, droits et élancés, atteignent 24 à 26 mètres de hauteur sur un diamètre proportionné. J'ai vu un zéen, encore très sain, de 5 mètres de circonférence, et les chênes liège de 3 à 4 mètres de tour ne sont pas rares. Enfin, le sol est garni d'un abondant recru naturel qui ne demande qu'à se développer et à compléter les massifs. Il y a dans ces forêts des ressources immenses que le service forestier commence depuis trois ans à utiliser, au grand étonnement du bey, leur propriétaire, qui ne savait pas posséder une telle richesse. Mais le revenu ne prendra une réelle importance que dans quelques années lorsque, les premiers démasclages ayant été opérés partout, on arrivera au véritable liège. Jusqu'ici l'écorce est très recherchée pour la tannerie, et de nombreux adjudicataires enlèvent annuellement les coupes à des prix qui deviendront bien plus rémunérateurs après la création des voies de vidange, que le service poursuit avec ardeur.

Ces deux forêts sont les seules dont le service ait pris encore réellement possession. Son action va s'étendre incessamment et peu à peu sur toutes les forêts voisines du nord de la régence qui sont encore peu explorées et mal connues, mais qui renferment aussi de fort belles parties. La France y envoie, en ce moment, tout un personnel d'agents et de gardes pour la surveillance et l'exploitation. Les massifs importants du centre et de l'ouest, ainsi que celui de Cheba, à l'est, seront englobés dans la nouvelle organisation qui, sous une direction habile et intelligente, est appelée à donner promptement les meilleurs résultats.

Aux plaisirs de la forêt il m'a été donné de mêler un instant ceux de la chasse. *Utile dulci!* Le lièvre abonde sur les lisières de la forêt, au bas des rampes sur les versants les plus proches des vallées. La perdrix gambra y est également très commune. Le sanglier pullule partout, mais il est de petite taille et sa chair blanche n'a pas le fumet savoureux de celle de son congénère de France. Le gibier de passage est, à certaines époques, très abondant. En ce moment, c'est la palombe qui s'abat le soir par nuées sur les vieux chênes et dont on fait de véritables massacres. Enfin, les amateurs de gibier plus sérieux peuvent chasser le fauve, qui est représenté par le chat-tigre, la hyène et le chacal.

Il n'est si gai séjour qu'il ne faille quitter, et c'est bien à regret que je dis adieu au campement d'El-Feidja où l'hospitalité forestière n'a rien à envier à l'hospitalité écossaise si vantée. Le 8 mars, à midi, nous partons pour Aïn-Draham, qui est situé à environ 60 kilomètres au nord, emmenant avec nous des mulets portant notre matériel de campement pour la nuit. Un garde français et deux gardes indigènes nous accompagnent.

Nous montons au col d'El-Mseïf, dans la forêt de M'Rassen, à 1 000 mètres d'altitude, d'où nous redescendons dans la vallée à travers de très beaux massifs de zéens. Vers trois heures nous atteignons le campement forestier de El-hamra (la fontaine Rouge), où des cabanes provisoires en diss servent de logements à deux gardes. Nous suivons pendant près de trois heures une vallée très accidentée, encaissée dans de hautes montagnes calcaires et où un ruisseau limpide court sous les bouquets d'oliviers sauvages, d'azeroliers et de lauriers-roses. A six heures, nous faisons halte sur les premiers contreforts de la haute chaîne dont les pics se dressent devant nous vers le nord, empourprés par les derniers rayons du soleil couchant.

Pendant que nos hommes dressent les tentes, une nuée d'Arabes qui semblent sortir de dessous terre, vient allumer tout à côté de grands feux, autour desquels ils s'accroupissent pour passer la nuit, voisinage des plus désagréables, car leur conversation, fort animée, ne cessa qu'au point du jour et se mêla toute la nuit aux glapissements et aux miaulements des chacals.

Le lendemain matin, à six heures, nous reprenons notre route pour Aïn-Draham à travers des montagnes très accidentées et très pittoresques, en grande partie stériles; mais près d'Aïn-Draham, les grès reparaissent et avec eux de superbes peuplements de chênes liège. Il est six heures du soir lorsque nous arrivons au col, où le service militaire a créé des baraquements pour un corps d'occupation. On dirait une ville nouvelle sortie par un coup de baguette magique, à 1000 mètres d'altitude, dans ce site abrupt, que domine et commande l'immense falaise du Djébel Méridj.

Au sud-ouest et à peu de distance, se dresse le Djébel Sidi-Abdallah, qui tire son nom du célèbre marabout, très vénéré dans la contrée, qui fut occupé sans résistance le 8 mai 1881, par nos troupes à la poursuite des Khroumirs. Aïn-Draham est aussi la résidence d'un garde général, M. Mathieu, le dévoué et jusqu'ici l'unique collaborateur de M. Lefebvre, dans son œuvre d'organisation. Ce qu'ont accompli déjà, en trois ans, ces deux infatigables travailleurs, je pourrais le dire, et l'énumération serait longue ; mais les faits parleront un jour mieux que je ne saurais le faire. Leur modestie me saura gré de mon silence.

A Aïn-Draham, comme dans tous les postes d'occupation, nous trouvons chez les officiers la plus aimable hospitalité ; on nous offre le gîte et la place à la table, et M. le colonel des zouaves Wattringues veut bien nous retenir à déjeuner pour le lendemain.

Le 10 mars, à deux heures de l'après-midi, j'abandonne mon camarade de voyage à ses occupations et je pars avec deux gardes indigènes pour Tabarca, à 26 kilomètres d'Aïn-Draham. Une route, construite par le service militaire, descend du col jusqu'au fond de la vallée en prenant en écharpe les rampes escarpées de la montagne, contournant les gorges et franchissant les ravins et les précipices. C'est un travail d'art remarquable, qui suffit actuellement aux premiers besoins de la viabilité, mais qui nécessite encore de nombreux travaux de consolidation.

Je n'arrive à Tabarca qu'à nuit noire, à sept heures du soir. J'y trouve un excellent petit hôtel installé à la suite de l'occupation par l'armée française, mais qui, faute de clientèle, depuis l'évacuation du poste, va être forcé d'émigrer vers des parages plus fréquentés. Tabarca n'est, en effet, qu'une pauvre bourgade n'offrant d'intéressant que des monuments en ruine épars sur le flanc de la colline en pente vers la mer et un vaste quadrilatère flanqué de quatre tours, le fort Djédil, bombardé le 26 avril 1881.

ILE DE TABARCA.

L'île de Tabarca, située vis-à-vis et à 500 mètres à peine de la côte, n'a pas plus de 40 hectares de superficie. C'est un rocher stérile couronné par un fort de construction génoise, défendu par une grosse tour crénelée. « Les trois cent soixante-cinq citernes que l'on y voit encore, dit M. O. Niel, semblent attester que le rocher servait autrefois d'assise à une véritable ville, probablement comptoir commercial, peut-être aussi repaire d'écumeurs de mer. On n'y remarque aujourd'hui que quelques chétives masures cachées dans les anfractuosités des rochers.

« L'île forme deux baies : celle de l'ouest, bien abritée, peut recevoir des navires d'un faible tirant d'eau ; celle de l'est, beaucoup plus étendue, est accessible aux navires d'un fort tonnage. Cette dernière est protégée contre les vents d'ouest, et on y mouille par 7, 8 et 9 brasses ; cependant, lorsque les vents du nord-est soufflent avec violence, le mouillage de Tabarca est dangereux. Bon nombre de navires y ont été jetés à la côte, et l'on y voit encore la coque du grand paquebot *l'Auvergne*, qui s'y perdit il y a quelques années et fut pillé par les Khroumirs... Au mois d'avril 1881 nos cuirassés y eurent beaucoup à souffrir de la tempête ; il est certain pourtant que l'on pourra y créer un port (1). »

L'avenir de Tabarca est intimement lié aujourd'hui à l'exploitation par la compagnie du Motka-el-Hadid des mines de fer de la Khroumyrie, dont cette compa-

---

(1) *Tunisie, géographe et guide des voyageurs*, par M. O. Niel. 1883.

gnie a obtenu la concession. Un vaste port y serait créé, et une voie ferrée, dont le tracé est fait sur le terrain, relierait les mines au port.

L'île de Tabarca appartenait autrefois aux Génois. Ceux-ci la vendirent, en 1768, à la compagnie française de la Calle, qui y fit, jusqu'en 1814, la pêche du corail et un peu de commerce avec les Khroumirs. C'est aux Génois qu'il faut attribuer les fortifications dont on voit encore les ruines.

Au nord-est de Tabarca, à environ 60 kilomètres, se trouve la petite île rocheuse et escarpée de la Galite, qu'on découvre par un temps clair des hauteurs d'Aïn-Draham. Elle est à peu près inhabitée.

Le lendemain matin, 12 mars, je quitte Tabarca à sept heures et me dirige vers l'est en longeant la côte pour visiter les dunes qui s'étendent jusqu'au cap Négro. On traverse d'abord à gué, avec de l'eau jusqu'au poitrail des chevaux, l'Oued-el-Kébir, qui descend des hauteurs d'Aïn-Draham et reçoit à son embouchure l'Oued-Tabarca. Le lit de cette rivière semble se déplacer sous l'action des sables qui, poussés alternativement par les vents du nord-est venant de la mer ou les vents du sud venant de la vallée, menacent constamment de le combler. Quelques travaux de fixation seraient utiles en cet endroit pour endiguer les eaux et assurer leur écoulement normal dans la mer.

Sur 1 kilomètre environ après l'embouchure de l'Oued-el-Kébir, la côte est bordée d'une dune littorale naturelle étroite et peu élevée, mais bien fixée par deux plantes qui y croissent abondamment sur les deux versants, le retem et la genévrier oxycèdre. On y trouve aussi quelques-unes des plantes herbacées des dunes de l'Atlantique, notamment une immortelle à fleurs jaunes et le gourbet. La présence spontanée de ce dernier est de bon augure pour les travaux de fixation que les dunes du rivage méditerranéen pourraient nécessiter un jour.

A cette dune littorale bien fixée succède, sur 1000 à 2000 mètres une vaste zone complètement blanche et mobile, d'environ 400 mètres de largeur, en pente douce vers la mer et à pente raide vers la vallée de l'Oued-el-Kébir, qu'elle barre et envahit peu à peu. Cette vallée est couverte de riches cultures et il y aurait urgence à la protéger contre la marche des sables. Les travaux à exécuter sont, au cas particulier, des plus simples et le succès en paraît assuré. La dune a la forme régulière en dos d'âne voulue pour la fixation; il y aurait à installer le long de la mer une palissade en planches ou en clayonnage dont les matériaux sont presque à pied d'œuvre dans les contreforts boisés qui limitent la vallée et viennent mourir près de la mer; puis à fixer par des semis de pin maritime, sous couverture de branchages, environ 40 hectares. Nous pensons que le pin maritime réussirait sur cette partie du littoral. On lui adjoindrait comme auxiliaire et abri le gourbet, le retem et le genévrier, qui croissent spontanément dans toute cette région. Les travaux devraient être exécutés en octobre et novembre; leur coût ne dépasserait pas 8 000 à 10 000 francs.

À partir du point où cesse la dune mobile le terrain sablaire s'élargit et se relève en monticules qui s'appuient sur les pentes de la chaîne. Il est alors couvert d'un tapis végétal inextricable, presque inaccessible aux chevaux. Le chêne vert à l'état buissonnant et probablement sa variété le chêne *ballote*, le retem, le myrte, le lentisque, le genévrier oxycèdre, le genêt épineux, le phyllaria à feuilles étroites (*Phyllarea angustifolia*), plusieurs variétés de bruyères, entre autres l'*Erica stricta*, l'asphodèle, etc., y forment, jusque près de la mer, des fourrés impénétrables qui garantissent le sol contre toute mobilisation.

Vers trois heures je traverse l'Oued-Boutefis et j'arrive à la mine de fer de Ras-el-Radjel, appartenant à la compagnie du Mokta, où je fais halte pour le déjeuner.

Continuant ensuite la marche à l'est, je traverse un nouvel oued, l'Oued-Berkoukech, et j'entre sur le territoire des Nefza. La côte remonte vers le nord-est; les dunes vont en s'élargissant et présentent çà et là, au milieu de parties bien fixées et garnies de broussailles, de larges taches blanches complètement dénudées et mobiles. Elles proviennent évidemment du déboisement produit par un pâturage abusif qui a amené la dénudation de ce sol de grès et sa mobilisation sous l'action des vents. Ces taches sont exposées indistinctement au sud ou au nord et s'agrandissent sous l'influence des vents de la montagne aussi bien que sous celle des vents de la mer. Leur fixation ne présenterait d'autre difficulté que l'obligation d'interdire le pâturage dans la partie où s'exécuteraient les travaux. Ceux-ci consisteraient en des semis sous couverture légère de plantes locales auxquelles on associerait en petite quantité le pin maritime. Il ne paraît pas d'ailleurs que cette opération présente un caractère d'urgence sur les points où le sable ne menace pas les cultures, et c'est le cas général, puisque ces terrains s'appuient presque partout sur les derniers contreforts boisés de la montagne.

Je n'ai pas poussé au delà de 20 kilomètres au nord-est de Tabarca ma reconnaissance de cette partie du littoral, mais du point extrême où je me suis arrêté j'ai pu constater dans la direction du cap Négro des dunes blanches qui m'ont paru augmenter beaucoup en largeur et en hauteur; il est fort probable qu'il existe là des dunes dont la fixation est nécessaire et dont le service forestier tunisien aura quelque jour à se préoccuper.

Je regagne Tabarca en longeant la côte, ce qui me permet de constater partout l'existence d'une dune littorale naturelle assez irrégulière, mais couverte de genévriers et de retems avec un peu de gourbet sur le versant sablonneux qui regarde la mer. Çà et là quelques coupures plus ou moins ensablées et quelques falaises peu élevées de grès en voie de désagrégation. Je ne rentre au gîte qu'à six heures du soir, après un second bain de pied au passage de l'Oued-el-Kébir. Le lendemain soir, 13 mars, j'étais de retour à Aïn-Draham.

D'Aïn-Draham, pour rentrer à Tunis, on va rejoindre

la voie ferrée à la station de Souk-el-Arba, à 42 kilomètres. Une bonne route descend du col jusque dans la vallée au milieu de beaux massifs de lièges. Parti à une heure de l'après-midi avec M. Lefebvre et le garde Ali-ben-Mohamed, nous arrivons à sept heures du soir, à nuit noire, et par une pluie battante au bord de la Medjerda, qui nous sépare de la station. La rivière est encaissée entre des berges escarpées et profondes. On y accède par un sentier conduisant à un bac. Mais la nuit était tellement obscure qu'il nous fut impossible de reconnaître le sentier conduisant au point d'embarquement où d'ailleurs il n'y avait point de batelier. Nous abandonnâmes donc à nos montures le soin de nous tirer d'affaire. Les braves bêtes descendirent comme elles purent le talus rapide et glissant, et s'engagèrent résolument dans le lit de la rivière, dont heureusement le niveau n'avait pas encore monté sensiblement. On sait que la Medjerda, qui contient peu d'eau en temps ordinaire, se transforme en un clin d'œil, par les pluies d'orage, en un torrent profond et rapide, dont le passage à gué est des plus périlleux. Elles franchirent ensuite avec la même ardeur la berge opposée et nous nous retrouvâmes sains et saufs de l'autre côté de ce dangereux obstacle, nous dirigeant à travers champs vers la station qu'un feu rouge nous indiquait au loin. Nous y arrivâmes enfin, presque à tâtons, et non sans nous être heurtés aux poteaux, aux fils du télégraphe et aux aiguilles; car la gare elle-même n'était guère plus éclairée que le bac de la Medjerda. Il était huit heures du soir quand nous mettions pied à terre à Souk-el-Arba, trempés et mourant de faim. C'est là le dernier épisode de mon excursion en Khroumyrie.

Le lendemain, 14 mars, nous rentrions à Tunis à huit heures du soir. Il nous restait trois jours pour les préparatifs de notre voyage dans le sud.

FIN

Résultats de l'Analyse chimique des Sables mobiles des Dunes du Littoral ou des Oasis de la Tunisie.

	PROVENANCE DES SABLES.	PROPORTION P. 100 DE LA PARTIE		PARTIE SOLUBLE DANS LES ACIDES. PROPORTION DES SELS			OBSERVATIONS.
		insoluble dans les acides.	soluble dans les acides.	de chaux.	de magnésie.	divers.	
1	Oasis de Gabès. — Sable pris au lai de mer.	47.5	52.5	26.57	1.33	24.60	Presque tout à l'état de carbonate.
2	Oasis de Gabès. — Sable recueilli sur une dune mobile, à 300 mètres du lai de mer, à la cime d'un palmier recouvert.	50.5	49.5	25.10	1.40	23.00	Presque tout à l'état de carbonate. L'identité de composition chimique de ce sable avec le précédent ne laisse aucun doute sur sa provenance de la plage.
3	Oasis de Kébilli (Nefzaoua). — Sable d'une dune mobile.	35.0	65.0	21.25	0.51	43.24	Beaucoup de sulfates et des chlorures.
4	Oasis de Zarzine (Nefzaoua). — Sable d'une dune mobile.	83.4	16.6	5.51	0.55	10.54	Beaucoup de sulfates.
5	Oasis de Ghelifia sur le bord du chott El-Djérid (Nefzaoua). — Sable d'une dune mobile.	65.9	34.1	10.16	0.13	23.21	Beaucoup de sulfates.

ANALYSES DES SABLES MOBILES.

6	Oasis de Bechli (Nefzaoua). — Sable d'une dune mobile.	1.0	99.0	29.16	0.51	69.33	Sable constitué à peu près uniquement par des sulfates.
7	Oasis de Touzer (Djérid). — Sable d'une dune mobile.	72.9	27.1	9.17	0.62	17.31	Beaucoup de sulfates.
8	Oasis de Nefta (Djérid). — Sable d'une dune mobile.	89.5	10.5	3.93	0.21	6.36	Chaux et magnésie à l'état de sulfates.
9	Dunes de Tabarca. — Sable recueilli sur la plage....	72.4	27.6	13.17	0.84	13.59	Chaux et magnésie en grande partie à l'état de carbonates.
10	Dunes de Tabarca. — Sable recueilli sur un versant de dune à l'ouest, complètement mobile, à 2 kilomètres de la plage....	96.3	3.7	1.52	0.10	2.08	Sol complètement siliceux presque analogue à celui des dunes de Gascogne. Chaux et magnésie en partie à l'état de sulfate. La différence de composition chimique de ce sable avec le précédent fait bien voir qu'il provient exclusivement de la désagrégation du sol et non d'un apport de la plage.

NOTA. — Les sables n°s 3, 4, 5, 6, 7, 8, des oasis du **Nefzaona** et du **Djérid**, renferment de très fortes proportions de sulfates de chaux et de chlorures, ce qui, avec la sécheresse, est certainement la cause principale de la stérilité de ces contrées; car il est bien connu que les sols qui contiennent du gypse ou du sel en excès ne peuvent nourrir qu'une végétation très pauvre et toute spéciale, et l'on sait, d'autre part, que la mobilité extrême des particules et la composition presque entièrement siliceuse du sol ne sont pas toujours des obstacles insurmontables pour la végétation. Les analyses ci-dessus concordent parfaitement avec quelques autres, faites récemment des sables du Sahara, dans lesquels la proportion de sulfate de chaux est également énorme. (HENRY, *Inspecteur-adjoint des forêts*, *Professeur-répétiteur du cours d'histoire naturelle à l'École forestière*).

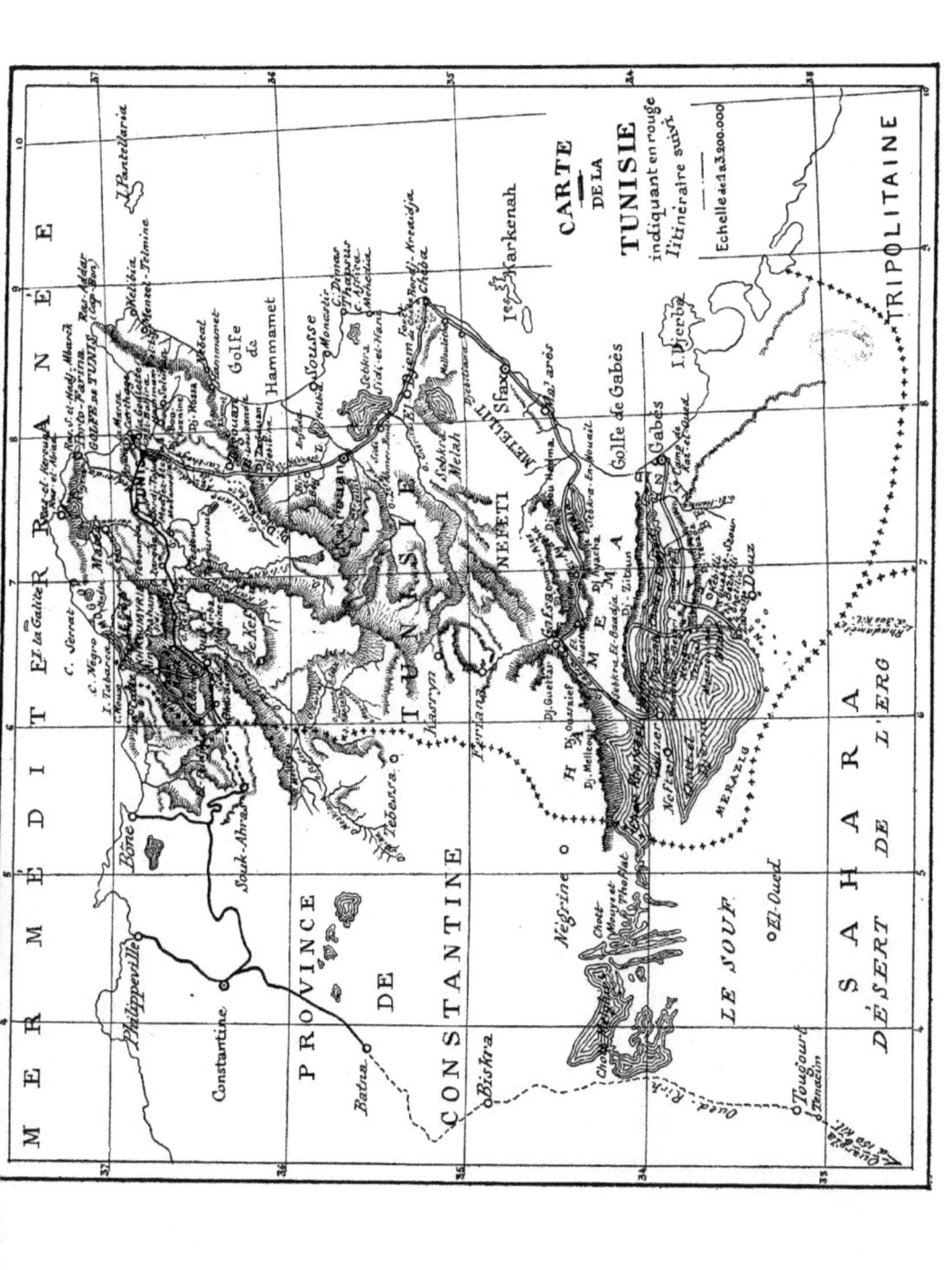

www.ingramcontent.com/pod-product-compliance
Lightning Source LLC
Chambersburg PA
CBHW071944160426
43198CB00011B/1529